Collection

FABULEUX
LIVRE
GÉANT

Mon BIG à moi

ANDARA

Je coche les
Mon BIG d'moi
que j'ai lus.
fanny
fanny
fanny
Richard Petit
Ninja Kid
Les Zozos du sport
Scarlett
007
Les secrets sucrés de Lolly
Pop
Pop
Pop
Mimi Moustache
Fidji et ses drôles d'animaux
Lolita Star
Lolita Star
Les aventuriers des jeux vidéo
Les aventuriers des jeux vidéo

Mon BIG d'moi

Richard Petit

Ninja Kid

Nº 1

LES TCHICKENS DU GÉNÉRAL TAO

ANDARA

Catalogage avant publication de Bibliothèque et Archives
nationales du Québec et Bibliothèque et Archives Canada

Petit, Richard, 1958-
Ninja Kid

(Mon BIG à moi)
Pour enfants de 8 ans et plus.

ISBN 978-2-924146-77-4

1. Titre: Les Tchickens du général Tao

PS8581.E842M66 2015 jC843'.54 C2014-942726-3
PS8581.E842M66 2015

Créé par Richard Petit

Dépôt légal : Bibliothèque et Archives
nationales du Québec, 1er trimestre 2016

ISBN : 978-2-924146-77-4

Imprimé au Canada

4e impression: avril 2017

Gouvernement du Québec – Programme de crédit d'impôt
pour l'édition de livres – Gestion SODEC
Andara éditeur remercie la SODEC
pour l'aide accordée à son programme éditorial.

Financé par le
gouvernement
du Canada

Canada

info@andara.ca
www.andara.ca

TU VEUX SAVOIR CE QU'EST UN NINJA ?

Alors lis ce qui suit...

Si tu inverses le mot « Ninja », tu obtiendras un autre mot: « ajnin », et ce nouveau mot composé par chacune de ces lettres, eh bien, ne veut absolument rien dire.

Par contre, si tu poses ta main devant ton œil droit et que tu retiens ta respiration, le mot « ninja » te révélera quoi ?...

TOUJOURS RIEN!

En fait, la seule façon de savoir ce qu'est un ninja est d'utiliser la torture. **OUI!**

Mais comment torturer ton roman Big pour qu'il t'avoue tout ? **C'EST HYPER «FAFA» !**

Facile, si tu préfères. Tu n'as qu'à fredonner n'importe quelle chanson moche qui sert à endormir un bébé.

TU N'EN CONNAIS PAS?

Eh bien, en voici une. Chante-la très fort, et ton Big te dira TOUT sur les ninjas.

«Lâ lâ lâ, boubou fruuuut, il faut changer ta couche, mon coco, car il y a un cadeau dedans qui ne sent pas très bon, lâ lâ lâ, fruuuuut! Plouch... YIRK!»

— OK! OK! ARRÊTE! JE VAIS TOUT AVOUER! te supplie ton livre.

HA! HA! HA! HA! HA!

Ça a fonctionné...

Rire diabolique ici...

Sous ton regard étonné, des mots se forment comme par magie sur cette page qui était auparavant...

Tu ne te rappelles pas qu'elle était blanche ?

PAS GRAVE!

Tu as réussi. Cependant, ne pense pas faire carrière dans le domaine de la chanson, pour le bien des personnes qui pourraient t'entendre, hein ?

DESCRIPTION D'UN Ninja

Espion masqué et costumé qui maîtrise les arts martiaux, et parfois la technique de l'origami. C'est-à-dire qu'il peut casser une brique en deux avec un gros marteau ! **EUH!** Désolé, mauvais exemple, parce que TOUT le monde peut faire ça avec un marteau.

Un ninja peut, en plein combat, parler à ses camarades avec ses oreilles sans ouvrir la bouche!!! **AAAH!** Ce n'est toujours pas un bon exemple. Personne ne peut faire ça, voyons. Même un ninja, car il serait obligé de se brosser les dents et les oreilles, et ça n'a aucun sens. OUI! VOILÀ!
Un ninja peut changer de chaîne de télé à sa guise

juste avec son regard méchant. Oui ! Ça, c'est mieux. **OUF!** Et un tas de choses encore.

HABITAT NATUREL DU NINJA

Derrière toi.

Devant toi.

Caché dans l'ombre du barbecue de ton père.

Dans
le réfrigérateur.

Dans le bac à
litière de ton chat.

Dans la Batcave.

Dans le panier à
linge sale.

Dans les bulles
de gomme à mâcher.

Dans ton sac
à dos.

À l'école, les journées pédagogiques.

Entre les pages 102 et 103 de ce livre que tu tiens dans tes mains.

ARMES DU NINJA

Un ninja peut attaquer avec:

Son katana

Son nunchaku

Ses étoiles ninja, ou shurikens

Des gros mots

Ton petit canard jaune pour le bain

Du pudding au chocolat

Des Whippets

Un dictionnaire

Le costume de bain de ton grand-père

La carte de membre de chez Costco de ta mère

Ton propre bras

La manette de ton jeu vidéo

Un magazine roulé qu'il a piqué chez ton dentiste

Une cravate laide

Un cordon de lumières
de Noël allumé

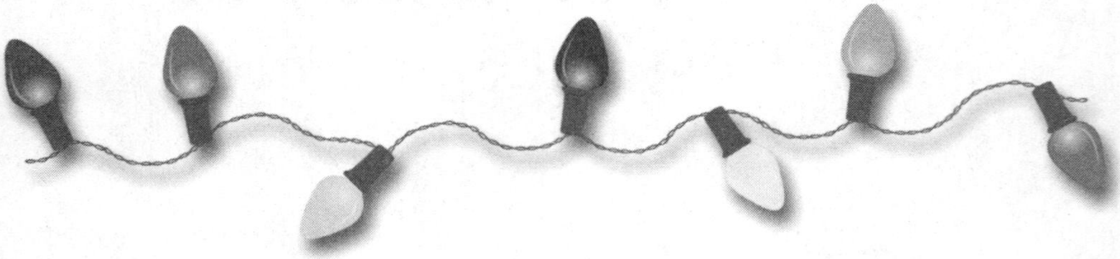

Une gaufre

Un dôme
de taxi

Un collier en or
de « Yo »

Un dentier
jauni

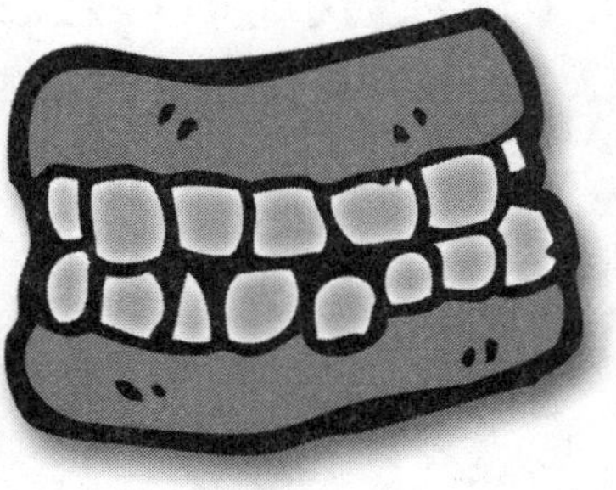

Un tas d'ongles d'orteils

Et plus
encore.

CRIS DU Ninja

Un ninja hurlera

lorsqu'il attaquera avec son katana. Ce qui signifie que ta tête va probablement être séparée de ton corps dans un avenir très rapproché, alors dis-lui : « Bye ! »

Le ninja dira très fort

alors qu'il frappera avec son nunchaku.

Il lâchera un

en même temps qu'il lancera des shurikens.

Il gueulera

lorsqu'il voudra manger du riz.

Il criera

lorsqu'il aura envie d'aller tu devines où.

Il lancera un assourdissant

qui ne veut rien dire,
mais qui est tout de même
très **hot** à crier.

Malheureusement, comme Superman lorsqu'il fait face à la kryptonite, un ninja perd TOUTES ses forces en présence d'un sandwich au jambon avec de la moutarde.

TOUTES ses capacités disparaissent et il ne peut plus se défendre contre ses attaquants, ni même contre de simples maringouins.

Les vrais ninjas sont furtifs, presque invisibles. Quelquefois, on peut pourtant apercevoir le contour de leur silhouette à la table des desserts lors des brunchs du dimanche au resto, mais seulement lorsqu'il pleut et que le Canadien a remporté le match de hockey de la veille.

Pour savoir si tu te trouves en présence d'un ninja, écoute ! Si tu n'entends absolument rien... C'EST QU'IL Y EN A UN PRÈS DE TOI ! Ne demande pas : « Qui est là ? », car la réponse pourrait être un shuriken planté dans ton derrière. Penses-y! Passer toute la journée debout derrière ton pupitre à l'école serait vraiment poche.

Malgré leur bravoure légendaire, les ninjas craignent depuis toujours... LES CHANTEUSES D'OPÉRA!

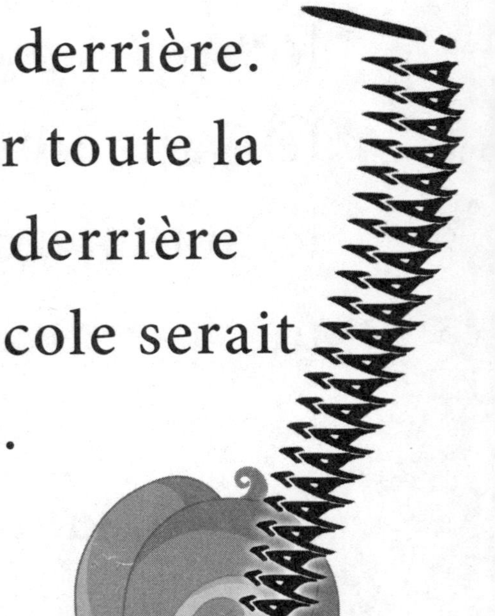

Va savoir pourquoi. Alors, désolé pour toi si tu n'as pas une « matante » chanteuse d'opéra dans ta parenté. Une « matante » ou un « mononcle » qui a juste mauvaise haleine, ça ne marche pas, désolé encore une fois.

Si tu veux te défendre contre un ninja, il t'est alors fortement recommandé d'aller

apprendre le kung-fu pendant au moins trente ans dans l'un des monastères situés au sommet de la plus haute montagne du Tibet. Tu peux facilement trouver tous les renseignements sur Internet. Informe tes parents avant de partir, ils vont comprendre.

QUE FAIRE EN PRÉSENCE D'UN NINJA ?

Évite surtout qu'il te morde, car tu te transformerais en ninja à chaque pleine lune.

Donne-lui un hamster; quelquefois ça suffit à distraire le ninja, qui s'éloigne en caressant la petite bête.

Si tu as avec toi le matériel nécessaire, affaire-toi à tricoter une tuque ou un costume de bain à fleurs. Voyant que tu ne fais pas attention à lui, le ninja poursuivra son chemin.

Tu peux dire aussi à voix haute quelque chose du genre: « Elvis ! Passe le beurre de pinottes à John Lennon ! » Ça fonctionne surtout avec les ninjas qui ont peur des fantômes.

Si tu ne comprends pas certains mots, il y a un lexique qui peut t'aider à la fin de ton Big.

VOILÀ! Tu en connais assez sur les ninjas pour commencer la lecture de ton Big. Rends-toi au premier chapitre...

CHAPITRE 1

LE DÉBUT DE LA FIN COMMENCE ICI, À L'ORIGINE DE CETTE HISTOIRE QUI RISQUE DE MAL SE TERMINER...

Nous sommes le 25 décembre. Alors que le soleil apparaît lentement à l'horizon, les enfants sont déjà levés. Le verre de lait laissé sur la table près du sapin a été vidé cette nuit, et les biscuits aux brisures de chocolat ont été mangés. Dans l'assiette blanche, il ne reste que des miettes. Excités, les enfants se sont rassemblés

autour de
l'arbre de Noël
sous lequel se
trouvent des tas
de jolies boîtes.
Tous ces beaux
cadeaux sont
pour eux...

MAIS QU'EST-CE QUI SE PASSE ICI ? Ce livre n'est pas censé raconter une belle histoire de Noël, il doit parler des ninjas et

de leur combat contre
des super méchants!

AH VOILÀ!

Ces petits rusés et très vilains Tchickens ont tenté de changer le texte du livre afin que personne ne soit au courant de leur plan diabolique pour conquérir le monde.

IL N'EN SERA RIEN!

Cette histoire commencera comme elle doit commencer. C'est-à-dire... À L'ÉCOLE MÊME DE CES SUPER MÉCHANTS !

ON RECOMMENCE DONC L'HISTOIRE !

Ça débute comment déjà ? AH OUI !

ICI COMMENCE LE DÉBUT OÙ FINALEMENT...

Non ! Ce n’est pas ça.

L’HISTOIRE DÉBUTE ET SE TERMINE...

Ce n’est pas ça non plus ! AH ET PUIS ZUT ! Le titre est déjà écrit au début du chapitre de toute façon. Alors inutile de le répéter.

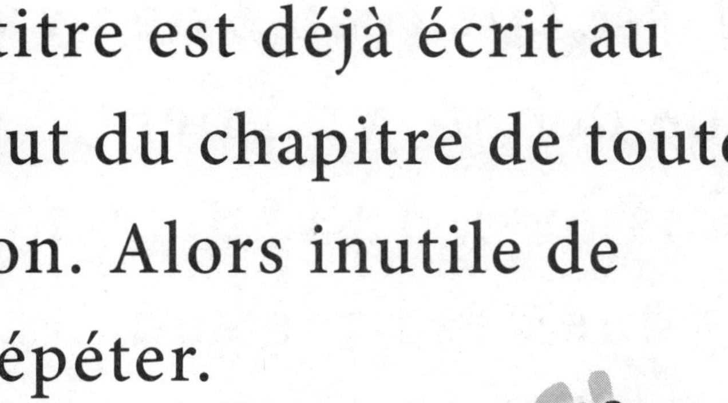

Encore.

C'est dans l'une des classes de l'école des Vilains que débute vraiment l'histoire. Tu te demandes ce que c'est que cette école? C'est l'endroit où ont été rassemblés ceux et celles qui ont un petit penchant pour les... MÉCHANCETÉS!

Il y a plusieurs années, après avoir effectué une étude sérieuse sur le sujet, les dirigeants de la commission scolaire de **Gagatown** ont décidé de réunir les élèves ayant les mêmes talents dans le but d'améliorer leur taux de réussite.

Autrement dit, les enfants comiques se sont retrouvés à l'école des Clowns.

Les enfants athlétiques ont été regroupés à l'école des Sports. Les filles et les garçons qui étaient jolis ont été orientés vers l'école des Mannequins. Les pas beaux ont atterri à l'école de l'Halloween. Ceux qui étaient avantagés par un pouvoir spécial ont été envoyés à l'école des Superhéros. Ceux et celles qui avaient la capacité de chanter sont allés à l'école de Musique.

À l’école des Ninjas, par exemple, les élèves apprennent le maniement des armes d’arts martiaux. «Martiaux» ne veut pas dire que ces arts sont utilisés par des Martiens.

Cela signifie qu'ils servent à combattre. Désolé de te l'apprendre, mais les petits hommes verts n'existent pas.

Il y a aussi l'école des Ballerines et celle des Cuisiniers. Dans celle-là, les élèves sont vraiment choyés, car ils passent leur temps à s'empiffrer de frites et d'autres cochonneries de ce genre.

Ceux qui n'ont aucun talent restent à la maison toute la journée et jouent à des jeux vidéo en mangeant des chips.

Tu te dis que la vie est vraiment injuste ? Tu as ENTIÈREMENT raison. Mais d'après les adultes, ces enfants qui ne font rien de la journée vont beaucoup le regretter plus tard. Nous verrons bien. En attendant, il est tout à fait normal de les envier...

Enfin,
les enfants
tannants,
malfaisants,
cruels, même dangereux, ont été expédiés à cette école des Vilains où nous sommes présentement.

Dans la classe des Tchickens située au troisième étage, c'est le chaos total. Une grande malpropreté règne. En plus de la poussière et des livres scolaires déchirés qui traînent par terre, il y a de vieux sacs à lunch pourris partout. Ça sent super mauvais dans le local pour cette raison, et pour une autre que tu découvriras tantôt.

Quatre élèves sont déjà arrivés : Soo Guy, Tchen Saw, Won Tong et celui que tout le monde surnomme « **Ouache** », c'est-à-dire Tas. Impossible d'oublier ce dernier. Tu découvriras pourquoi tantôt également.

Il ne manque qu'un élève, et monsieur Gino Provencher, le professeur, bien sûr. Où sont-ils donc, ces deux-là ? Qu'est-ce qui peut bien les retarder ? La classe est commencée depuis au moins quarante-sept secondes. Tu vas dire que quarante-sept secondes, ce n'est pas beaucoup. Tu te trompes, c'est très long lorsque ça sent mauvais, sache-le.

Quelqu'un s'amène dans le corridor.

KECHLING! KECHLANG! KECHLING!

D'après ce bruit de métal qui résonne, ça ne peut être nul autre que le... GÉNÉRAL TAO!

Le cinquième élève de la classe. Tao tient absolument à toujours être le dernier à entrer dans la classe. En fait, il aime être le dernier dans tout ce qu'il fait. Il est particulièrement fier d'échouer lamentablement à chacun de ses examens. Ce « Kechling ! Kechlang ! » que nous entendons provient des plaques de son armure rouge.

Le voilà qui franchit le seuil de la porte. Est-il suivi de monsieur Provencher ? NON ! Tao est seul. Mais que se passe-t-il ? Soo Guy se doute de quelque chose...

Il interpelle le général Tao.

— Dites-moi, ô Splendeur de l'Orient, sauriez-vous où est notre professeur ?

Il entre toujours avant vous dans la classe, Votre Graisse, EUH ! VOTRE GRÂCE ! se reprend très vite Soo Guy.

Le général Tao adresse un sourire diabolique à ses camarades. Soo Guy avait donc raison de penser qu'il était coupable d'un nouveau méfait.

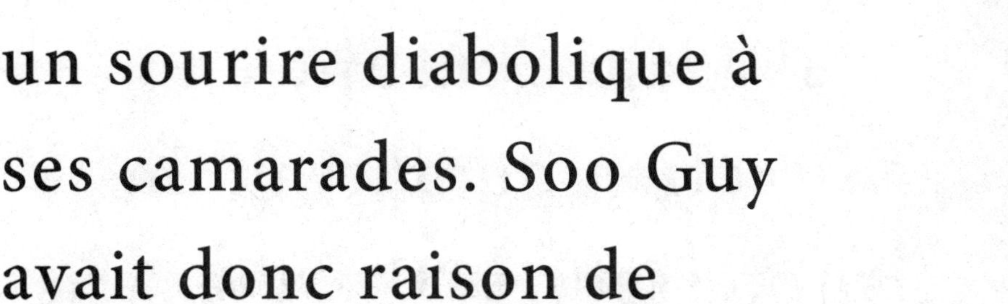

— J'ai enchaîné monsieur Gino Provencher dans le sous-sol de l'école avec les autres professeurs, car ils auraient tous fait obstacle à mon plan, révèle Tao.

Il avance ensuite en direction du bureau du professeur et s'assoit dans le grand siège en bois.

— **FINI LES FOLIES !**

annonce-t-il d'un air

décidé. Nous avons terminé de jouer aux petits élèves studieux. Notre destinée est de devenir les maîtres du monde. Nous allons commencer par Gagatown et, avec l'aide de tous les méchants de l'école, nous envahirons les autres villes jusqu'à ce que nous ayons conquis toute la planète. C'était écrit rouge sur blanc sur le papier que j'ai trouvé dans le biscuit chinois que j'ai mangé au déjeuner ce matin.

Tas jubile, mais, en manifestant sa joie, il projette son odeur corporelle directement sous le nez du général Tao. Celui-ci tombe lourdement à la renverse sur le sol, **BANG!** presque assommé par la puanteur de son compagnon de classe. Derrière le bureau du prof, la tête de Tao réapparaît lentement.

— TAS! s'emporte le général. Je t'ai dit au moins un milliard six cent quatre-vingt-sept millions huit cent quatorze mille deux cent vingt-deux fois de t'asseoir dans la dernière rangée de la classe, et d'ouvrir une fenêtre!

Le pauvre Tas est dans tous ses états. Affichant une moue boudeuse, il s'exécute à contrecœur.

Tu comprends maintenant pourquoi ça sent si mauvais dans la classe des Tchickens. C'est aussi à cause de ce pauvre Tas...

Soo Guy et Tchen Saw se mettent à rire. Won Tong aimerait manifester sa gaieté comme les autres, mais malheureusement ce dernier vilain n'a pas de bouche et vit dans une espèce d'appareil volant semblable à un aquarium.

— Notre ami Tas sent vraiment le **figuidou**, fait remarquer Tchen Saw à son général. N'est-ce pas?

— NON! le reprend Tao. Il sent plutôt le **grosguidou**, si tu veux mon avis. Il sent trop mauvais.

— Alors, mon Impérial Souverain, intervient Soo Guy, nous allons enfin conquérir le monde?

Par quelle partie de la ville allons-nous commencer, mon Rouleau impérial?

Tao se dresse majestueusement sur ses jambes pour répondre.

— Par le seul obstacle qui pourrait s'élever entre nous et notre destinée... L'ÉCOLE DES NINJAS!

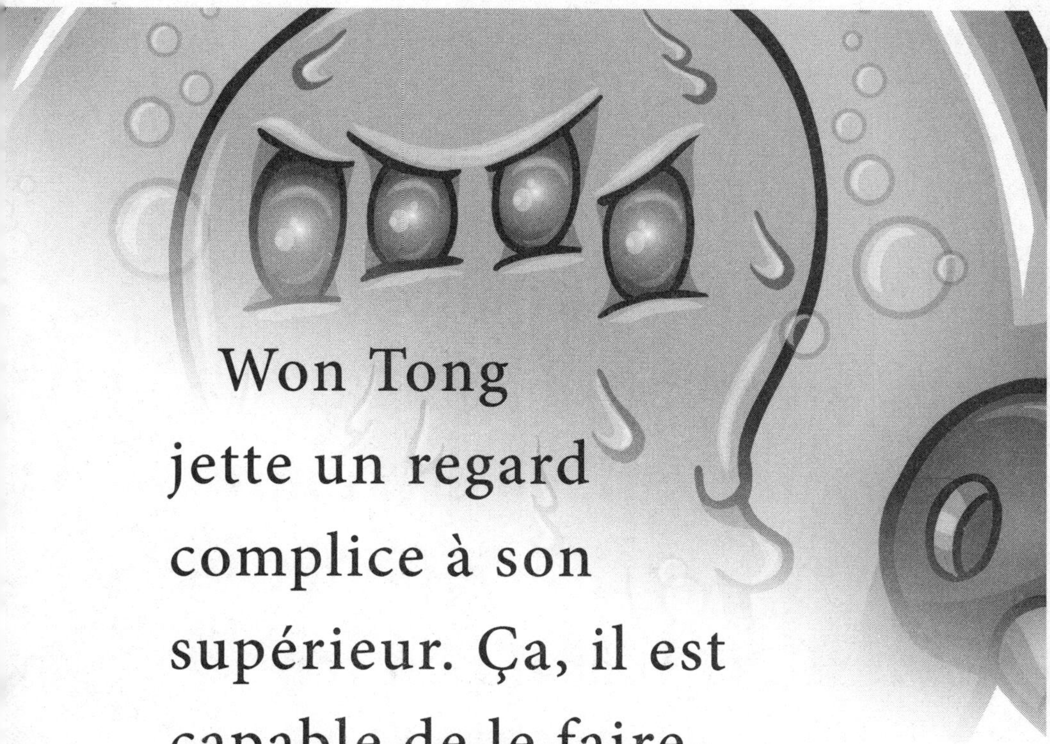

Won Tong jette un regard complice à son supérieur. Ça, il est capable de le faire, car il a des yeux.

— OUI ! SUPER ! Mais Grand Manitou, comment allons-nous faire ça ? le questionne-t-il en utilisant l'appareil qui lui permet de parler.

— Avant de passer à l'attaque, nous allons envoyer notre ami Tas en puanteur, en éclaireur, je veux dire, se reprend vite Tao. Il agira en tant qu'espion. Car, pour attaquer l'école des Ninjas, nous allons avoir besoin d'un plan détaillé de l'édifice. Il nous faut aussi des renseignements importants tels que: le nombre d'élèves dans cette école, le genre d'armes qu'ils utilisent et l'endroit où se trouve la distributrice de bonbons. Des trucs essentiels à la réussite de notre plan MÉGA diabolique.

Incertain d'avoir bien compris, Soo Guy se gratte la tête.

— Mais Votre Sublime Egg Roll, si vous envoyez

Tas, n'y a-t-il pas un grand risque qu'il se fasse tout de suite repérer à cause de son, de son...

Tao se met à rire très fort.

— Mon cher Soo Guy, la plupart du temps, c'est lorsqu'un détail nous saute aux yeux que nous ne pouvons pas l'apercevoir, c'est bien connu.

— Même si ce détail nous saute plutôt au nez qu'aux yeux, Grand Chef?

Le général Tao se met maintenant en colère.

— MAIS QUI ES-TU POUR CONTESTER MON AUTORITÉ? COMMENT

OSES-TU DOUTER
DES PRÉDICTIONS
DES GRANDS ORACLES
QUE SONT LES
BISCUITS CHINOIS?

Le repentant Soo Guy s'agenouille devant le général pour exprimer son regret.

— Je vous demande humblement pardon, Votre Majestueux Tofu, le supplie-t-il.

Maintenant convaincu que le plan de son maître va réussir, il lève le bras vers le ciel en s'exclamant :

— **GLOIRE À VOUS, GÉNÉRAL TAO ! GLOIRE AU MAL !**

Derrière lui, Tchen Saw, Won Tong et Tas l'imitent.

— GLOIRE À VOUS, GÉNÉRAL TAO! GLOIRE AU MAL! entonnent-ils tous en chœur.

Tao se pince le nez et s'approche de Tas, mais pas trop près quand même.

— Mon très cher ami Tas, prends ton cellulaire et rends-toi tout de suite à l'école des Ninjas.

Fier de la confiance que lui démontre son maître, Tas se glisse hors de la classe pour remplir sa délicate mission.

CHAPITRE 2

IL EST DIFFICILE
D'ATTRAPER UN NINJA
DANS UNE PIÈCE SOMBRE,
SURTOUT LORSQU'IL
N'Y EST PAS...

À l'école des Ninjas, les cours vont bientôt commencer. Le professeur de la classe de sixième, Sensei Paul, entre avec les tests que ses élèves ont faits la veille. Il s'assoit à son bureau et pousse un long soupir. Il n'a pas l'air content du tout.

Devant lui, ses élèves sont assis à leur place.

Kit Cat
Pogo
Pink Kiss
Enrico Trudel
Ninja Kid

Ils dévisagent tous leur professeur d'un air inquiet. Ce dernier prend la parole...

— Je ne suis pas très fier de vous, chers élèves, commence-t-il, Trois bouddhas sur cinq pour toi, Kit Kat, ce n'est pas une note très élevée pour le lancer des shurikens. Tu peux vraiment faire mieux.

L'AIR PITEUX, KIT KAT BAISSE LA TÊTE.

— Je sais, Sensei, admet-il, mais je vis un deuil, car Jaws, mon poisson rouge, est décédé avant-hier et nous avons dû l'envoyer à la mer par la cuvette des toilettes. Mais aujourd'hui, je me sens mieux.

Sensei Paul jette un regard doux à son élève et se tourne ensuite vers Pogo.

— Trois bouddhas sur cinq pour toi aussi, Pogo. Pas fort.

Pogo bondit de son siège et pointe la responsable : Pink Kiss, la jeune panda.

— C'est parce qu'elle a

essayé de m'embrasser avant l'épreuve des shurikens, cher maître. Sur la bouche en plus, vous vous imaginez? Ça m'a **TOTALEMENT** déconcentré.

Sensei Paul se tourne vers la jeune coupable.

— MAIS MAÎTRE, se défend-elle, vous savez bien que, pour réussir les épreuves, je dois ABSOLUMENT embrasser quelqu'un ! Ce n'est pas pour rien que je m'appelle Pink Kiss. Hier, personne n'a voulu me donner un bécot ; résultat, j'ai lamentablement raté l'épreuve des shurikens, seulement trois bouddhas sur cinq pour moi aussi.

— Mais tu pourrais nous laisser tranquilles en te trouvant un petit ami? lui suggère Enrico Trudel.

— Tu veux être mon petit copain, toi? lui demande-t-elle aussitôt.

Enrico grimace de dégoût.

— **NOOOON!** Et puis j'ai en horreur cette couleur

rose que tu portes tout le temps.

— Et si je m'habille en mauve, ta couleur préférée, changeras-tu d'avis, Enrico ?

Les autres élèves se mettent à rire.

— **DOUBLE NOOOOON!** s'écrie Enrico, l'air horrifié.

Dans un mouvement de colère, Sensei Paul se lève soudain de son siège et hausse le ton.

SILENCE!

Ses élèves se ressaisissent aussitôt et répondent en chœur:

Le calme revenu, Sensei Paul se rassoit lentement.

— Ninja Kid, poursuit-il sur un ton radouci, c'est toi qui as eu la meilleure note : quatre bouddhas sur cinq. Tu as cependant toujours eu une note parfaite au lancer des shurikens, qu'est-ce qui s'est passé ?

Ninja Kid inspire profondément avant de répondre.

— C'est mon sixième sens, maître.

Sensei Paul fixe son jeune élève d'un air sérieux, car il sait que le sixième sens de Ninja Kid se manifeste toujours à l'approche d'un danger. Soucieux, les autres élèves aimeraient avoir des détails.

— Tu peux nous en dire plus, Ninja Kid? lui demande Pink Kiss.

Il secoue la tête de gauche à droite plusieurs fois.

— Je peux juste dire que nous devrons sans doute bientôt livrer une grande bataille contre le mal, finit-il cependant par préciser.

— Est-ce que tu sais contre qui exactement? veut savoir Pogo.

Ninja Kid hoche la tête à nouveau.

— Malheureusement non.

— Nous ne sommes pas encore prêts pour le combat, fait remarquer Kit Kat. Nous ne sommes qu'au milieu de l'année scolaire et il nous reste beaucoup de choses à apprendre.

Quelques longues secondes s'écoulent avant que Sensei Paul sorte de sa réflexion.

— **BON!** Revenons à vos notes pour le lancer de shurikens, dit-il. Ça n'était vraiment pas fameux. Vous devez vous exercer davantage. Entraînement intensif pour tout le monde ce matin. J'ai réservé la cour de l'école pour la classe toute la matinée. Bruno, le concierge, s'affaire à installer les cibles et à aiguiser les shurikens.

ALLONS-Y ! Et je vous préviens, je veux être étonné par vos performances.

Ses élèves à sa suite, Sensei Paul sort dans le corridor. Enrico Trudel le rattrape.

— Vous allez voir, Sensei, nous allons battre tous les records. Nous allons tous avoir une note de six bouddhas sur cinq.

Sensei Paul sourit à son élève tandis que Pink Kiss secoue la tête.

— Mais Enrico ! s'exclame-t-elle. C'est mathématiquement impossible d'avoir six bouddhas sur cinq, voyons. Cinq bouddhas est la note maximale, tu ne sais pas compter?

— TU VAS VOIR, PINK KISS! TU VAS VOIR! Nous serons tous les cinq dans le prochain livre des records Réglisse.

Pink Kiss lève les yeux en signe de découragement.

En arrière du groupe, Ninja Kid s’est arrêté au

milieu du corridor.
Il reste là, immobile, le regard dans le vide. Parce qu'il a trois yeux, Pogo est le premier à voir son ami figé derrière lui. Il sait que c'est son fameux sixième sens qui le rend comme ça. Pogo donne une tape discrète sur l'épaule de Sensei Paul pour le prévenir de la situation. Celui-ci se retourne aussitôt et

s'approche lentement
de Ninja Kid.

Avant que le maître ne puisse prononcer un mot, son élève prend la parole.

— L'école des Ninjas sera attaquée par les élèves de l'école des Vilains, annonce Ninja Kid, j'en suis maintenant certain.

Sensei Paul campe son regard autoritaire dans celui de chacun de ses élèves et déclare:

— Raison de plus pour bien réussir votre exercice. ALLONS! Tous dans la cour, le temps est compté.

Dans la classe des Tchickens, Tao reçoit le premier texto de son guerrier-espion odorant.

Vénérable Towing ! Euh ! Général Tao, je veux dire. Je suis arrivé à l'école des Ninjas. Personne ne m'a vu, car je me suis caché dans une poubelle, mais je dois vous dire que ça sent très mauvais là-dedans, Honorable Toto. Euh ! Général Tao, je veux dire.

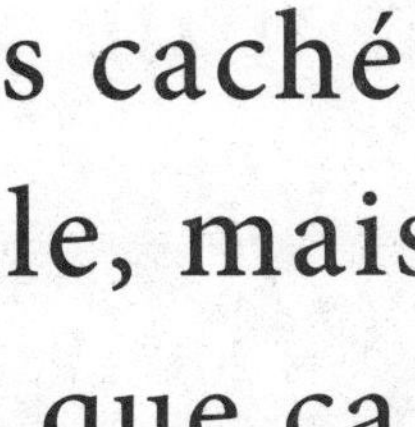

Tant pis pour toi ! Tu sais maintenant ce que tu fais

endurer aux autres élèves de la classe depuis le début de l'année scolaire.

Euh ! Quoi ? Je ne comprends pas, Votre Minable Poteau!

Euh ! Général Tao.

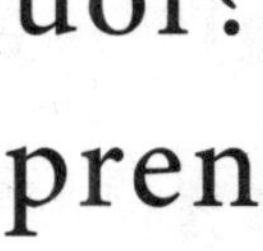

Pas grave,
laisse faire.
Alors ?

Alors quoi ?

ALORS,
QU'AS-TU
APPRIS,
IDIOT ?

J'ai appris, ô Végétal Coco, que je ne dois plus me cacher dans une poubelle pour espionner.

Le général Tao entre dans une telle colère que les autres élèves, apeurés, figent sur place comme des statues.

—JE NE SAIS PAS CE QUI M'A PRIS D'ENVOYER CET IMBÉCILE POUR ACCOMPLIR UNE MISSION AUSSI IMPORTANTE! crie-t-il.

Après s'être calmé, Tao texte à nouveau Tas en essayant de se dominer.

As-tu appris quelque chose qui pourrait nous être utile?

Comme le nombre de ninjas dans cette école ou le genre d'armes qu'ils utilisent?

J'ai appris un tas de choses sur ces ninjas. Vous avez vu, j'ai fait un jeu de mots: je m'appelle Tas et j'ai découvert un TAS de choses sur eux.

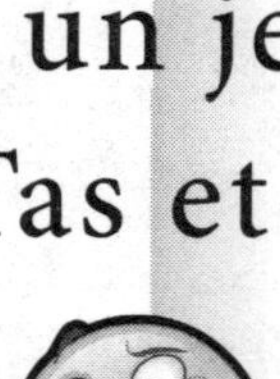

Le général Tao fige à son tour devant les idioties que lui répond son guerrier.

TAS! C'est la dernière fois que je te le demande: qu'est-ce que tu as appris? Combien y a-t-il de ninjas?

Le texto suivant tarde un peu à arriver.

Le voici enfin...

Ils sont un, Votre Photogénique Splendeur.

QUOI ? Il n'y a qu'un seul ninja à l'école des Ninjas ?

IMPOSSIBLE!

OUI !

Et il est très curieusement habillé.

En plus, chaque fois qu'il passe devant moi, il n'est jamais de la même grandeur. Je crois que ce ninja a maîtrisé l'art de changer de taille.

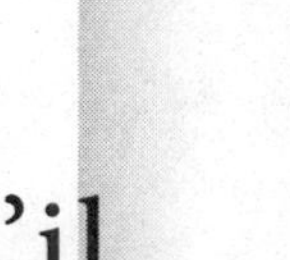

Tao réalise que Tas s'est trompé.

IDIOT !

Ce n'est pas le même ninja. Tu as tout simplement vu plusieurs élèves habillés de la même façon. Ils doivent tous porter le même uniforme.

OH ! Vous croyez qu'ils se doutent que nous allons les attaquer ?

Ça se pourrait. Décris-moi leur uniforme.

Ils portent tous un nœud papillon ainsi qu'un veston carreauté très coloré. À la place d'un casque, ils ont sur la tête des espèces de cornes de couleur orange. Je crois avoir deviné que leur arme est une sorte de petite bombe rouge collée sur le bout de leur nez. Ils sont très heureux d'aller en guerre, car ils rient tout le temps.

À son tour,
le général Tao met
du temps à répondre.

SOMBRE IDIOT ! TU T'ES TROMPÉ ! TU ES À L'ÉCOLE DES CLOWNS !

Toujours caché dans la poubelle, Tas se gratte la tête en signe d'étonnement.

— ZUT ! marmonne-t-il. Le général a raison.

TAS
Voilà qui explique pourquoi ils racontent tout le temps des blagues, Admirable Moto ! Euh ! Général Tao !

Des blagues?

Oui! Comme celle-ci: pourquoi les zombis n'attaquent-ils jamais les clowns?

Pourquoi ?

Parce que les clowns goûtent drôle.

HA! HA! HA!
Très rigolo.
Sors de ta
poubelle et

rends-toi à la bonne école,
cette fois-ci.

Oui, Votre
Aimable
Bobo, euh,
général Tao.
Tout de suite.

IDIOT!
Triple idiot!
NON!

QUADRUPLE IDIOT! Et puis cesse de mettre l'émoticône « crotte de nez » à la fin de chacun de tes textos.

CHAPITRE 3

POUR AVOIR LA PAIX,
IL FAUT FAIRE LA GUERRE,
OU BARRER LA PORTE
DE SA CHAMBRE...

Dans la cour de l'école des Ninjas, l'exercice du lancer des shurikens va débuter...

Pogo est le premier à subir l'épreuve. Il se place derrière la ligne tracée sur l'asphalte par Sensei Paul. Cette fois-ci, le maître s'attend à ce que ses élèves se surpassent: il a placé la cible deux fois plus loin que lors du dernier exercice.

Debout avec un shuriken dans sa main, Pogo crispe son regard afin de mieux voir où est la planche en bois peinte de cercles rouges et blancs.

— Mais maître, se plaint ce dernier, comment voulez-vous que j'atteigne la cible? J'ai trois yeux et je ne la vois même pas. Vous l'avez placée beaucoup trop loin.

— NAH! NAH! Cesse de te lamenter, lui intime Sensei Paul. Concentre-toi! Fais comme je t'ai appris en classe, vide ton esprit complètement.

— Vous voulez que mon cerveau soit aussi vide que mon estomac, vous voulez dire?

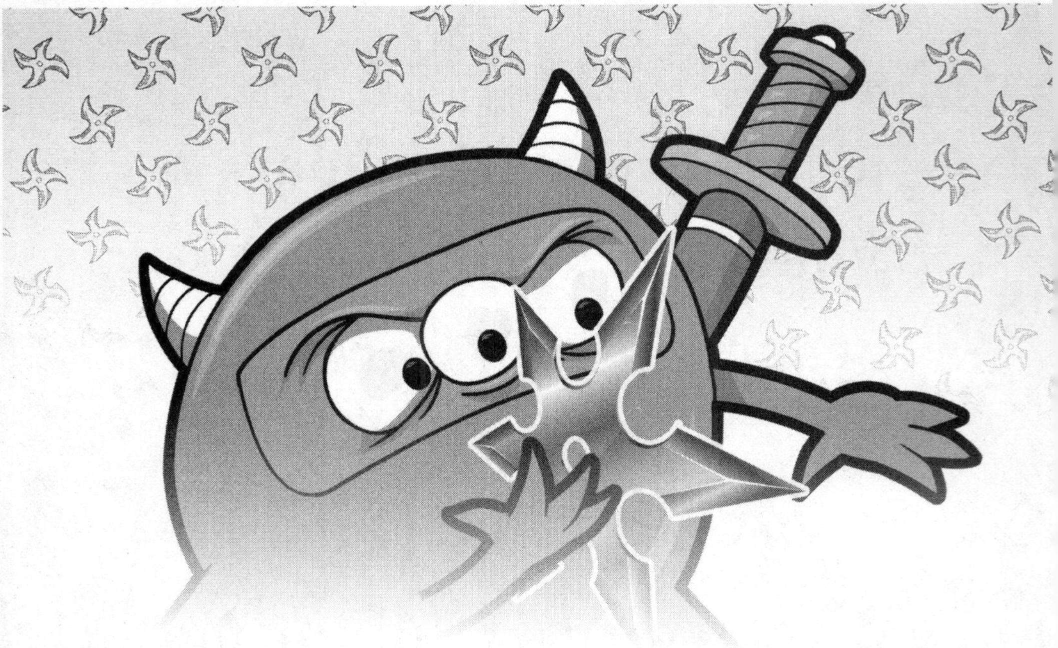

— Pogo ! Fixe ton regard en direction de la cible.

Le jeune élève se calme et s’exécute.

— Qu’est-ce que tu sens maintenant, Pogo ?

— Je sens... je sens le pad thaï aux crevettes qui est en train de cuire à la cafétéria et j'ai très faim.

Derrière Pogo et Sensei Paul, tous les amis éclatent de rire.

— **POGO!** hurle le maître.

Le jeune ninja se reprend et se met à fixer droit devant lui.

— Je vois un truc rouge au loin, ça doit être la cible. Je vais lancer le premier shuriken, annonce-t-il sur un ton pas très confiant.

— **NON!** lui interdit son maître.

— Pourquoi non, Sensei?

— Tu dois lancer les cinq shurikens l'un après l'autre, le plus vite possible.

LES TROIS YEUX DE POGO S'AGRANDISSENT DE SURPRISE.

— Nous devrons tous faire la même chose? demande Pink Kiss, abasourdie.

— Affirmatif! répond le maître. Et vous allez tous réussir. **GO, POGO! GO!**

Obéissant, Pogo lance rapidement ses cinq shurikens.

— Allons voir, maintenant, ordonne Sensei Paul.

— JE NE VEUX PAS VOIR ÇA! pleurniche Pogo. J'ai peut-être brisé la lumière rouge d'un feu de circulation ou bien décapité un pauvre écureuil albinos avec mes cinq shurikens.

— **GNA! GNA!** se moque Kit Kat. Allez! Viens avec nous.

Et il entraîne Pogo avec lui en le poussant vers la cible...

Dans la classe des Tchickens, le général Tao reçoit un autre texto de son espion aromatique.

— Si cet idiot de Tas s'est encore une fois trompé

d'école, promet Tao, je le renvoie dans les égouts, d'où il vient.

Allô, mon Formidable Marteau! Euh! Non! Allô, général Tao! Votre tout dévoué agent secret au rapport.

Alors, qu'est-ce que tu attends justement pour te rapporter?

BONNE NOUVELLE, CHEF! Du placard dans lequel je me suis caché à l'école des Ninjas, j'ai pu constater qu'il n'y a que des filles ninjas. Ce sont des ninjettes, ou des ninjouilles, genre.

FÉTIDE IDIOT! Ça paraît que tu as passé ta vie dans les égouts. Sache que les filles font elles aussi de très courageuses adversaires.

Désolé, maître, vous avez raison.

Combien il y en a? Aurons-nous toute une armée de ninjas à combattre avant de mettre à exécution notre plan d'invasion?

Elles sont tout au plus une trentaine.

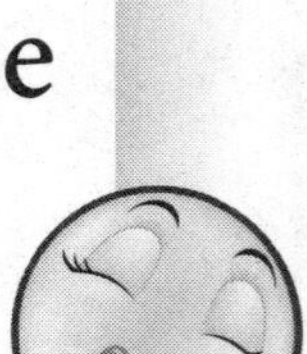

Qu'est-ce que tu sais sur leur technique de combat? Ont-elles des armes?

Pas d'armes, Épouvantable Risotto, euh, général Tao. Cependant, elles se déplacent très silencieusement, car elles marchent toujours sur la pointe des pieds.

Le **GÉNÉRAL TAO** ne s'étonne pas de ce détail. Comme tout le monde, il sait très bien que les ninjas sont réputés pour se déplacer très discrètement et que le silence de leurs mouvements est légendaire.

Ensuite, qu'as-tu appris?

Elles savent très très bien utiliser leurs pieds et leurs mains pour frapper leur ennemi. Selon moi, elles maîtrisent parfaitement le kung-fu, le taekwondo, le karaté, le Dragon Moo Do, ainsi que l'art de faire des cupcakes. J'en ai volé un à la cafétéria, ils sont vraiment délicieux.

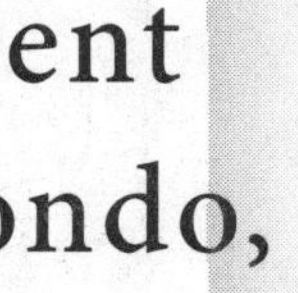

Est-ce que ces ninjas portent une quelconque armure?

OH OUI ! Salade César ! Euh, général Tao ! Elles portent toutes une espèce de grande lame blanche très coupante autour de leur taille qui, lorsque qu'elles se mettent à tourner sur elles-mêmes, leur permet sans doute de trancher leurs ennemis en deux. Ça doit faire très mal de se faire taillader en deux, chef.

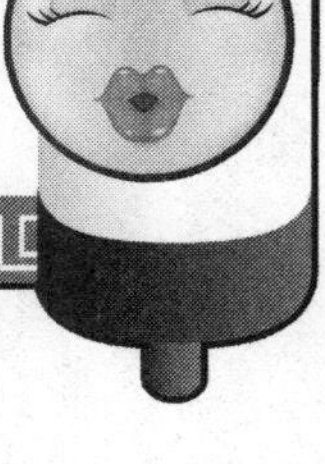

AUJOURD'HUI

Devant l'écran de son téléphone, le général Tao affiche une mine confuse. Malgré toutes ses connaissances en équipement de combat, il n'a jamais entendu parler d'une telle arme... **JAMAIS !**

Devant le doute de son maître, Tas décide de lui envoyer une photo de deux ninjas en plein entraînement de combat.

Dans la cour de l'école des ninjas, Sensei Paul, Kit Kat, Pink Kiss et Enrico Trudel regardent d'un air abasourdi les shurikens lancés par Pogo sur la cible.

— Je suis fier de toi, Pogo, le louange son maître. Tu as réussi.

Tu as une note parfaite : cinq bouddhas sur cinq.

— Mais comment tu as pu faire ça, Pogo ? s'étonne Enrico Trudel.

Pink Kiss se tourne vers Sensei Paul avant que Pogo puisse répondre.

— Nous ne pourrons jamais reproduire cet exploit, maître ! Quelle technique a-t-il utilisée ?

— Pogo a vidé son cerveau de toutes les pensées qui peuvent nuire à la concentration du ninja, et nous avons le résultat sous les yeux, explique Sensei Paul.

— Mais je ne sais pas comment m'y prendre pour faire le vide dans mon cerveau, réplique Pink Kiss.

— De la même façon que tu vides ton porte-monnaie au magasin de bonbons, déclare son maître. ALLEZ! Va te placer à la ligne là-bas.

C'EST À TON TOUR !

— D'ACCORD ! dit-elle. Mais je dois embrasser quelqu'un d'abord !

Autour de Pink Kiss, tous ses amis se sont éclipsés...

IDIOT !
TRIPLE IDIOT!
QUADRUPLE
IDIOT ! TU ES
DANS LA MAUVAISE
ÉCOLE ENCORE UNE
FOIS. TU ES À L'ÉCOLE
DES BALLERINES !

Tas sort la tête du placard dans lequel il est pour jeter un coup d'œil.

Devant lui, dans le grand gymnase, les jeunes filles dansent en cadence au son d'une musique classique.

Et ce n'est pas une lame que ces élèves portent à leur taille, ce sont des tutus.

Vous avez raison, Vulnérable Cadeau. Euh! Général Tao. Je me suis encore trompé d'école. Mais comment je fais pour savoir si je suis devant la bonne école?

C'EST ÉCRIT EN GROSSES LETTRES SUR L'ÉDIFICE, QUINTUPLE IDIOT!

OK ! J'ai compris, chef ! Sur la façade de l'école des Ninjas, ce sera écrit « Quintuple idiot ».

Devant la stupidité de son espion, le général Tao s'affaisse dans son siège, complètement découragé.

Je pars tout de suite, chef!

NON! Tu es beaucoup trop nouille, tu reviens ici. Je vais envoyer quelqu'un d'autre. Et puis cesse de m'envoyer des émoticônes «bécots» à chaque texto.

À contrecœur, Tas accepte de rentrer.

D'accord, Votre Palpable Burrito. Euh ! Général Tao.

Tao jette un regard interrogateur en direction des Tchickens.

Qui choisira-t-il pour remplacer cet incompétent de Tas? QUI de ses guerriers pourra enfin remplir correctement cette mission?

—MOI! MOI! se propose Soo Guy. Je vais y aller, maître. Je saurai trouver l'école des Ninjas.

—NON, MOI, GÉNÉRAL! riposte Tchen Saw. Je vous

assure que je ne vous décevrai point, Votre Splendeur orientale.

Mais Tao a déjà choisi et se tourne vers son plus fidèle guerrier.

Ce dernier s'approche vite de son maître en

volant dans les airs,
sa pince droite placée
à la hauteur de sa tête
dans un salut militaire.

— VA ! Mon fidèle Won Tong ! Trouve cette école et rapporte-moi tous les renseignements qu'il me faut... JE VEUX ATTAQUER CES NINJAS AU PLUS VITE ! VA !

Comme une mini soucoupe volante, Won Tong quitte ensuite rapidement la classe des Tchickens...

CHAPITRE 4

TROIS ET TROIS FONT... UNE PARTIE NULLE !

Dans la cour de l'école des Ninjas, Sensei Paul penche la tête pour rendre hommage à ses élèves. Ces derniers saluent leur maître à leur tour, comme le veut la vieille coutume ninja.

— Je suis fier de vous, chers élèves, déclare celui-ci. Je savais que vous aviez en vous les âmes des premiers ninjas. Je ne m'étais pas trompé.

— Si nous avons tous réussi avec brio l'épreuve des shurikens, cher maître, lui accorde Ninja Kid, c'est grâce à votre enseignement. Un élève ne peut accéder à une telle perfection qu'avec l'aide d'un professeur talentueux.

Sensei Paul salue encore plus profondément Ninja Kid pour cette grande preuve de respect, qui se veut mutuelle.

Dans la poche de Pink Kiss, un **ZIOUUUUP !** se fait entendre. Elle vient de recevoir un texto. Sensei Paul arbore maintenant une moue réprobatrice.

— Il me semble vous avoir mentionné que les cellulaires étaient interdits les jours de classe, rappelle le maître à Pink Kiss.

Sans tenir compte de la remarque, la jeune ninja plonge la main dans sa poche pour en ressortir le petit appareil. Le regard de Sensei Paul se fait autoritaire.

— NON ! s'exclame Pink Kiss, les yeux agrandis de terreur.

Elle se tourne ensuite vers Ninja Kid.

— Tu avais raison, Kid ! lui lance-t-elle d'un air consterné. Enfin, ton sixième sens avait raison...

Intrigué, Ninja Kid s'approche de la jeune ninja qui lui montre l'écran de son appareil.

Ninja Kid arbore une mine totalement déconfite. En voyant sa réaction, les autres s'approchent du téléphone de Pink Kiss pour voir de quoi il s'agit.

— Qui t'a envoyé ce texto ? demande le maître à la jeune ninja.

Pink Kiss remet le téléphone dans sa poche avant de répondre.

— Un… un admirateur, dit-elle en rougissant.

— Tu as un admirateur dans une autre école ! s'exclame Enrico Trudel.

— De quelle école est-il ? veut savoir Pogo.

De longues secondes s'écoulent avant que la jeune ninja réponde.

— De l'école des Vilains. Il est dans la classe des Tchickens du général Tao.

Sensei Paul inspire profondément pour tenter de garder son calme.

— QUOI ! Tu as un petit copain dans la pire de toutes les écoles de Gagatown ? s'emporte Kit Kat. Mais tu es complètement folle ! Qui est-ce ?

— Je n'en ai aucune idée! lui répond naïvement Pink Kiss.

— QUOI! EXCUSE-MOI DE TE DEMANDER PARDON! s'écrie Enrico Trudel. Tu as un petit ami chez les méchants et tu ne sais pas qui il est?

— Est-ce que c'est Tas? demande Pogo.

— 

s'exclame Pink Kiss. J'espère que non.

— Mais comment ça, tu espères que non?

— Je vous l'ai dit: je ne sais pas qui il est, répète-t-elle. Il ne fait que m'écrire des mots doux

de temps en temps.
Je sais seulement que c'est un élève de l'école des Vilains.

Pogo se tourne vers Ninja Kid.

— Son amoureux lui écrit des mots doux comme : velours, peluche, doudou ? s'étonne-t-il.

— Mais non, voyons, le reprend Ninja Kid. Il lui texte des choses telles que : je t'aime, je voudrais t'embrasser. Des trucs complètement dégueu de ce genre, tu vois ?

YARK ! DÉGUEU !

Troublé par ce qu'il vient d'apprendre, Sensei Paul rassemble ses élèves autour de lui pour mettre au point une stratégie.

— Je ne peux malheureusement pas vérifier si cette menace est fondée, chers élèves, leur dit-il. Mais il est préférable de faire comme si nous allions effectivement être attaqués aujourd'hui par les Tchickens.

— Qu'allons-nous faire maintenant, Sensei ? demande Ninja Kid.

Sensei Paul réfléchit avant de répondre à son meilleur élève, puis il se tourne vers Pink Kiss.

— Tu vas texter à ton petit ami le message suivant: « Peux-tu nous révéler l'heure de l'attaque ? »

Sans attendre, Pink Kiss tape la question du maître sur le clavier de son téléphone et l'envoie.

ZIOOUUUP !

Dans la classe des Tchickens, le général Tao a très bien entendu le « ZIOOUUUP ! » d'un cellulaire. L'un de ses élèves a reçu un texto. Le général bondit sur ses jambes.

— QUI A REÇU UN TEXTO ? veut-il savoir. ET DE QUI PROVIENT CE TEXTO ?

Soo Guy, Tchen Saw et Tas, qui est de retour, sont tous les trois assis à leur place dans le grand local malpropre. Aucun d'eux ne semble vouloir répondre.

— **QUI?** répète Tao qui commence à avoir le visage aussi rouge que son armure. Y aurait-il un traître parmi nous?

— C'EST TAS ! s'écrie Soo Guy en pointant le fond de la classe d'un doigt accusateur.

— NON, C'EST TCHEN SAW ! se défend Tas en se tournant vers son compagnon de classe.

— MAIS NON, C'EST SOO GUY ! déclare Tchen Saw avec conviction.

— Il n’y a qu’une façon de savoir qui a reçu un texto, dit le général d’un air grave. Vous allez me remettre tous les trois votre téléphone pour que je vérifie.

Dans la cour de l’école des Ninjas, plusieurs minutes passent sans que le cellulaire de Pink Kiss n'affiche de réponse de son prétendant. Sensei Paul s'impatiente.

— Ne perdons pas de temps, retournons en classe pour élaborer un plan. Nous devons protéger l'école des Ninjas coûte que coûte.

Puis il se tourne vers son élève **chouchou**.

— Ninja Kid, tu vas te rendre au bureau du directeur pour l'informer de ce qui pourrait se produire aujourd'hui, lui intime-t-il. Il doit aviser les autres classes de se tenir prêtes à riposter à une attaque imminente. PARS TOUT DE SUITE !

ZIOUUUUP!

— **AH! AAAAAAH!** s'écrie le général Tao en entendant le son émis par l'arrivée d'un nouveau texto. JE SAVAIS QU'IL Y AVAIT UN TRAÎTRE DANS LA CLASSE! **AH! AAAAAAH!**

— Mais, c'est votre téléphone qui a sonné, Votre Formidable Tatou, euh, général Tao. proteste Tas depuis le fond de la classe.

Oups !

— **QUOI ?** s'étonne le général. C'est moi qui ai reçu un texto ???

— Est-ce vous, le traître, mon Déplorable Yoyo, euh, général Tao ? lui demande Tas.

— **SEXTUPLE IDIOT !**

C'est un *selfie* de Won Tong, annonce le général après avoir regardé l'image à l'écran de son appareil. Il a bien trouvé l'école des Ninjas, lui, au moins, poursuit-il d'un air moqueur avant de répondre à Won Tong.

BRAVO,
WON TONG!
Je suis fier
de toi.

Je suis entré dans l'école sans être vu. Je sais comment passer inaperçu dans une classe. Je vous texte tantôt, général, avec toutes les informations que vous avez demandées, bye. X

Le général relit le dernier texto de Won Tong d'un air perplexe.

— Je ne comprends pas, dit-il. À la fin de son texto, Won Tong a mis un « X ». Qu'est-ce que ça veut dire ?

Tas prend la parole.

— Won Tong vous donne un bec, ô Délectable Gâteau, euh, général Tao, je veux dire.

Le visage du général devient rouge de honte.

— 

QUOI ? Il me donne un bec lui aussi !!!

— OUI ! C'est parce qu'il vous aime, sans doute. Il est impossible d'empêcher un cœur d'aimer, vous savez.

De la fumée noire sort maintenant des narines du général Tao.

— Il est peut-être impossible d'empêcher un cœur d'aimer, mais il est possible d'empêcher ce cœur de battre. Je vais étriper cet imbécile s'il m'envoie un autre « X ». Non mais, je suis vraiment mal entouré : un guerrier qui pue, l'autre qui m'envoie des becs. Je me demande si l'oracle des biscuits chinois ne s'est pas carrément trompé. C'est peut-être nous qui allons nous faire envahir par les ninjas. Où en étais-je avant de recevoir ce texto de Won Tong ?

— Vous alliez chercher votre boîte à lunch, car l'heure de la collation est arrivée, lui répond Soo Guy.

MENSONGE

— AH OUI ! C’est vrai, répond le général.

Heureusement pour le prétendant de Pink Kiss, Tao a oublié...

CHAPITRE 5

Tenter de vaincre un ninja, c'est comme essayer de noyer un poisson...

Dans le bureau du directeur, Ninja Kid a beaucoup de difficulté à faire comprendre à monsieur Bouddha Singapour la gravité de la situation. L'homme corpulent reste là, enfoncé dans son grand fauteuil, indifférent aux allégations du jeune ninja.

Il est maintenant facile de deviner d'où provient la manière particulière qu'a l'école des Ninjas d'évaluer ses élèves.

— Mais qu'est-ce que tu me racontes là, mon petit garçon ? Une invasion ? Par qui ? Ces bouffons de l'école des Clowns ? Ces filles en tutu de l'école des Ballerines ? NON ! Je sais, les chanteurs d'opéra vont venir nous casser les oreilles avec leur grosse voix ? C'est ça ?

Et monsieur Singapour s’esclaffe ensuite bruyamment comme un père Noël.

De toute évidence, il ne prend pas au sérieux les informations que lui transmet Ninja Kid.

— S’il vous plaît, monsieur Singapour,

le supplie Ninja Kid. Il faut à tout prix se préparer à répondre à une attaque.

Bien enfoncé dans son fauteuil, le directeur marmonne son mécontentement et finit par accorder un peu d'importance aux affirmations du jeune ninja.

— D'ACCORD ! accepte-t-il enfin. Je vais demander au concierge de barrer la porte de l'entrée et de verrouiller la grille de la cour de l'école, au cas où tu aurais raison.

— MAIS ! MAIS ! bredouille Ninja Kid.

Le directeur l'arrête de sa grosse voix.

— IL N'Y A PAS DE MAIS ! Si l'école fait réellement l'objet d'une attaque au cours de la journée, je m'ajusterai en conséquence. Pour le moment, je n'en ferai pas plus. Retourne dans ta classe, Ninja Kid. Tu as assez perdu de temps comme ça.

Et le directeur se penche à nouveau sur la pile de documents devant lui.

Après avoir inspiré profondément pour maîtriser sa frustration, Ninja Kid quitte le bureau les poings serrés.

Dans la classe des Tchickens, le général Tao s’impatiente. Il tape du pied sans arrêt, car il a trop hâte de passer à l’action et d’attaquer l’école des Ninjas.

Si on fait fi de ce tapotement sur le plancher, un grand silence règne dans le local.

Soudain...

Le général reçoit un texto de Won Tong.

GÉNÉRAL TAO ! J'ai réussi à me faufiler dans une classe. Et pour passer inaperçu, j'ai enlevé l'aquarium dans lequel il y avait un poisson rouge. J'ai englouti avec appétit ce poisson rouge et j'ai pris la place de cet aquarium sur la table. Ces stupides ninjas ne se rendront pas compte que

je suis tout près d'eux
à les écouter et épier
leurs moindres gestes.
ATTENTION ! Les voilà
qui entrent dans la classe.
WON TONG OUT !

Impatient d'en apprendre plus, le général Tao a hâte de recevoir le prochain texto de son espion.

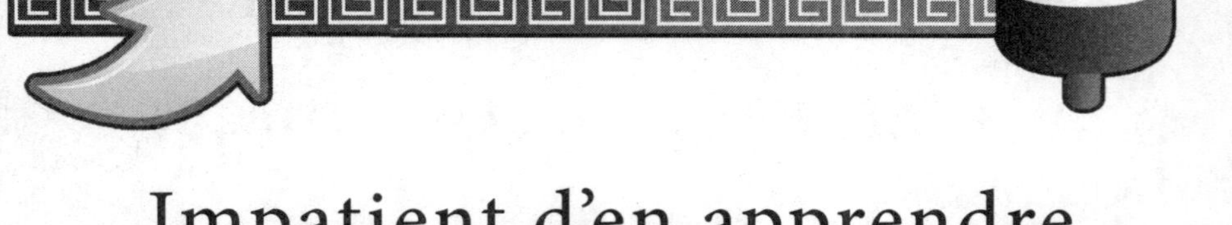

Dans cette classe, il n'y a que cinq ninjas et leur maître. Donc, c'est sans doute la même chose dans les autres classes.

— Won Tong me dit qu'il y a seulement cinq ninjas par classe, rapporte le général Tao à sa troupe.

Tchen Saw s'en réjouit.

— SEULEMENT CINQ NINJAS PAR CLASSE ? Nous allons les massacrer facilement.

Ont-ils des armes ? Si oui, de quel type ?

Ils ont des sortes de bâtons de baseball reliés par une chaîne.

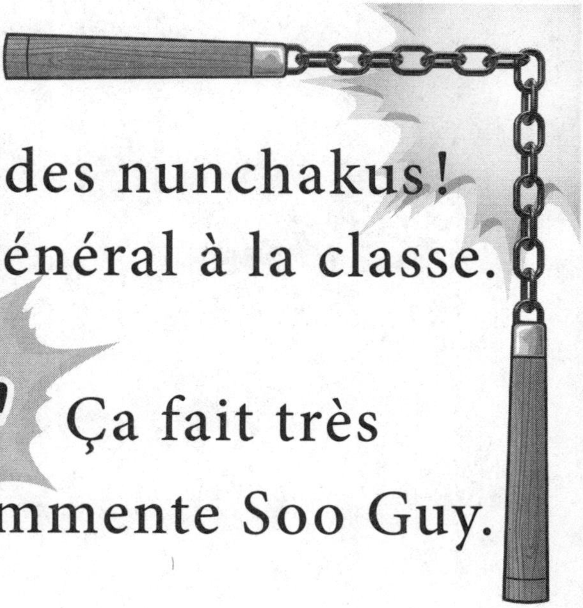

— Ils ont des nunchakus ! traduit le général à la classe.

— OMG ! Ça fait très mal, ça, commente Soo Guy.

Ils possèdent aussi de très longues épées bien affûtées qui peuvent fendre l'air et couper en deux même les mots que nous prononçons.

— Et des katanas, annonce Tao à ses Tchickens.

— **Oups !** Ça, c'est très très coupant, grimace Tchen Saw.

Et finalement, ils possèdent des tonnes d'étoiles qu'ils peuvent lancer avec une rapidité étonnante.

— Et aussi des shurikens, dit le général.

— C'est joli, mais ça pique en titi, ces affaires-là ! s'exclame Tas.

Le général envoie
un dernier texto.

Est-ce que c'est
tout, Won Tong?
Il n'y a rien
d'autre?

Non! OUPS!
Je dois cesser
de vous texter,
car un ninja
arrive vers moi... C'EST
NINJA KID! Won Tong out...

Dans la classe de Sensei Paul, tous les ninjas nettoient leurs armes et se préparent à riposter s'il y a le moindre signe d'une invasion des Vilains. Affairée à bien graisser la chaîne de son nunchaku, Pink Kiss n'a pas entendu le texto que lui a envoyé son prétendant du clan des Tchickens.

De l'autre côté de la classe, Ninja Kid se dirige vers l'aquarium de Friwilli le poisson rouge, car c'est l'heure de le nourrir et c'est lui qui est chargé de le faire.

C'est en voulant ranger le pot de graisse dans son pupitre que Pink Kiss aperçoit la lumière de son cellulaire qui clignote. Elle se demande depuis combien de temps elle a reçu ce texto. C'est peut-être méga important. Est-il trop tard?

Elle ouvre son téléphone. Aussitôt, le texto venant de son amoureux inconnu s'affiche.

ATTENTION, PINK KISS! Il y a un espion du général Tao qui a réussi à se cacher dans votre classe. Il s'agit de Won Tong! Il rapporte tout ce que vous faites au général. SOIS PRUDENTE! Won Tong est très dangereux.

Tremblant de peur, la jeune ninja dépose

lentement son téléphone sur son pupitre. Ne voulant pas alarmer ses amis, elle se met à scruter le local à la recherche de l'intrus. Elle ne comprend pas comment il a pu réussir à s'introduire dans l'école.

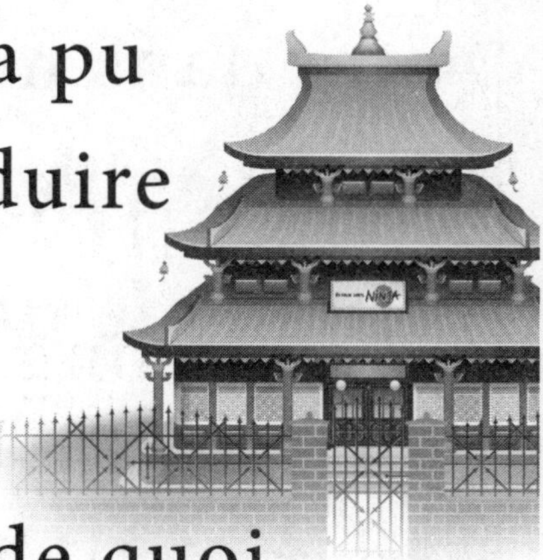

— Mais enfin, de quoi il a l'air, ce fameux Won Tong? se demande-t-elle tout bas.

Elle reprend son appareil et texte son mystérieux prétendant.

Tu es certain que cet espion est dans ma classe? Peux-tu me le décrire? Je ne le vois nulle part dans le local.

De son côté, Ninja Kid, qui se dirigeait vers

l'aquarium de Friwilli,
se met à marcher plus
lentement lorsqu'il se rend
compte que le poisson
rouge de la classe...
EST MAINTENANT
TOUT VERT !

— Euh ! Sensei ! s'exclame-t-il sans se retourner vers son maître. Je crois que Friwilli est très malade, il a changé de couleur.

ZIOOUUUP !

Pink Kiss reçoit enfin une réponse de son prétendant.

Won Tong a quatre yeux, il est tout vert et il vit dans une espèce d’aquarium volant.

— Et c'est très étrange, Sensei, continue Ninja Kid, car en plus d'être vert, Friwilli a maintenant quatre yeux.

Pink Kiss cède à la panique...

— CE N'EST PAS FRIWILLI ! s'époumone-t-elle. C'EST WON TONG ! UN ESPION DES TCHICKENS !

ATTENTION!

CHAPITRE 6

La violence n'est pas une solution, mais il faut parfois se battre pour gagner une bataille...

Sous le regard ahuri de Ninja Kid, Won Tong s'élève dans les airs dans un fracas assourdissant. Le souffle de la poussée de ses propulseurs projette par terre tout ce qu'il y avait sur la table.

Won Tong fonce ensuite vers Ninja Kid. Ce dernier se rue vers son pupitre, attrape son katana et frappe la coquille de verre du Tchicken.

Un liquide malodorant s'écoule de la fissure créée par la lame du jeune ninja.

SHHHHHHHHHHH!

— FERMEZ TOUTES LES FENÊTRES! IL NE

DOIT PAS NOUS ÉCHAPPER! hurle Sensei Paul à ses élèves.

Pink Kiss, Enrico Trudel, Pogo et Kit Kat s'exécutent et bloquent rapidement toutes les issues.

— IL NE PEUT PLUS S'ENFUIR, MAÎTRE! annonce Pogo.

Sensei Paul fait un signe de la tête à son élève.

— PARFAIT ! Pogo ! Parfait !

Mais Won Tong n'a certainement pas dit son dernier mot. Avec ses deux bras mécaniques munis de pinces puissantes, il parvient à saisir la lame du katana de Ninja Kid et la casse en plusieurs morceaux.

Bien qu'il soit désarmé, le jeune ninja ne s'en laisse pas imposer et riposte vivement. De sa ceinture, il extirpe deux shurikens qu'il envoie simultanément vers son adversaire.

Les deux étoiles d'acier tranchant atteignent leurs objectifs et sectionnent les deux bras mécaniques de Won Tong. Sur le plancher de la classe, les bras s'agitent comme des serpents dangereux à qui on vient de couper la tête.

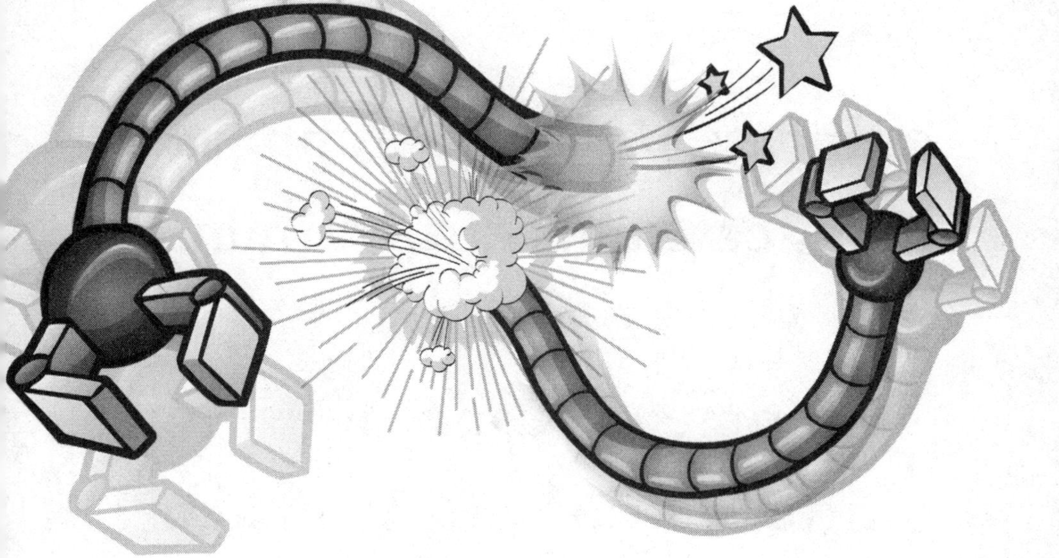

Sachant qu'il devra faire face à trop d'ennemis, et amputé de ses moyens principaux d'attaque, Won Tong n'a d'autre choix que de tenter de fuir. Dans une colère incontrôlable, il entend bien causer le maximum de dommages avant de partir. Il frappera là où ça comptera vraiment.

Comme un train qui quitte ses rails, le Tchicken fonce tête première en direction de Sensei Paul. Won Tong sait trop bien que, s'il parvient à neutraliser le maître des ninjas, le général Tao pourra vaincre facilement les jeunes élèves.

N'ayant aucune arme en sa possession, et étant acculé dans un coin de la classe, Sensei Paul ne peut seulement que retenir sa respiration et mettre ses deux mains devant lui afin de se préparer à la collision imminente. Voyant ce qui va arriver, Pink Kiss frappe très fort la coquille de verre sous laquelle s'abrite Won Tong lorsqu'il passe devant elle à la vitesse d'une fusée. Ce dernier fléchit à peine sous le coup.

Dans le coin de la classe, l'impact entre Sensei Paul et Won Tong est d'une telle violence que les murs du local vibrent comme si un tremblement de terre avait lieu.

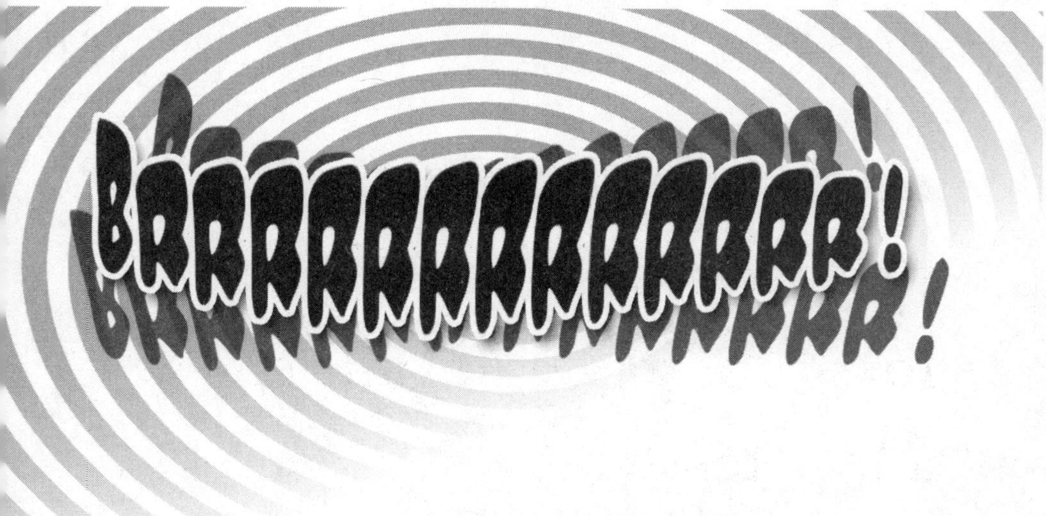

Le maître des ninjas s’écroule au sol comme un château de cartes balayé par une tornade. Comme s’il n’en avait pas assez, Won Tong se met ensuite à rouler comme un rouleau à pâte sur le corps inanimé de Sensei Paul avec la ferme intention de transformer le malheureux en crêpe.

Les beaux yeux bleus de Ninja Kid tournent soudain au rouge. Déterminé à combattre, il s'empare du nunchaku de Pink Kiss et bondit vers Won Tong. Le premier coup de l'arme frappe si fort le dos du Tchicken qu'une grosse ouverture se forme dans la cage de verre, laissant échapper tout son liquide. Won Tong stoppe net et se tourne vers le jeune ninja. Sachant qu'il ne survivra pas très longtemps sans liquide, le Tchicken pousse au maximum son propulseur et parvient à atteindre le corridor.

— IL VA S'ENFUIR! s'écrie Pogo au milieu des débris de pupitres et de chaises.

NOOOOOOON!

— J'Y VAIS! fulmine Ninja Kid en se lançant à la poursuite du Tchicken.

Voyant qu'il ne peut pas rivaliser avec la rapidité de la machine volante de Won

Tong, Ninja Kid lance tous ses shurikens en direction de son adversaire. Au bout du corridor, juste devant la porte qui mène à la cour, un obstacle semble vouloir bloquer la sortie à Won Tong...

C'EST MONSIEUR BOUDDHA SINGAPOUR!

Faisant fi de cette barricade humaine, Won Tong poursuit sa

trajectoire en direction de la liberté. Lorsqu'il heurte le directeur, une seconde secousse sismique fait trembler une partie de l'édifice.

BRRRRRRRRRRRRR !

Assommé, le pauvre homme roule comme une boule de quilles jusqu'aux portes, qui volent en éclats sous la force de l'impact.

SCHRAAAAAAAAAK !

Le redoutable Won Tong s'engouffre dans l'ouverture et parvient à l'extérieur de l'école, d'où il gagne aussitôt les nuages. Essoufflé, les deux mains posées sur ses genoux, Ninja Kid ne peut qu'assister impuissant à la fuite de son adversaire.

Rapidement, il rebrousse chemin afin de s'assurer de l'état du directeur. Agenouillé près du blessé, Ninja Kid constate que monsieur Bouddha Singapour s'en est sorti avec quelques égratignures et qu'il reprend peu à peu ses esprits.

— Ça va, monsieur Singapour ? Vous n'avez rien de cassé ?

— C’était quoi ce bidule volant, Ninja Kid ?

— C’était Won Tong ! répond le jeune ninja. L’un des Tchickens de l’école des Vilains. C’est la preuve que vous attendiez, monsieur : ils vont vraiment nous attaquer.

Le directeur baisse la tête, honteux.

— Je m'excuse de ne pas t'avoir cru plus tôt, mon petit. Aide-moi à me lever, j'ai des choses à faire pour nous préparer à contrer cette tentative d'invasion.

Au moment où le jeune ninja parvient à remettre le directeur sur ses jambes, un ZIOUUUUP ! annonce l'arrivée d'un texto dans son téléphone.

Il provient de son amie Pink Kiss.

Où es-tu, Ninja Kid? Viens vite en classe, Sensei Paul ne va pas bien du tout.

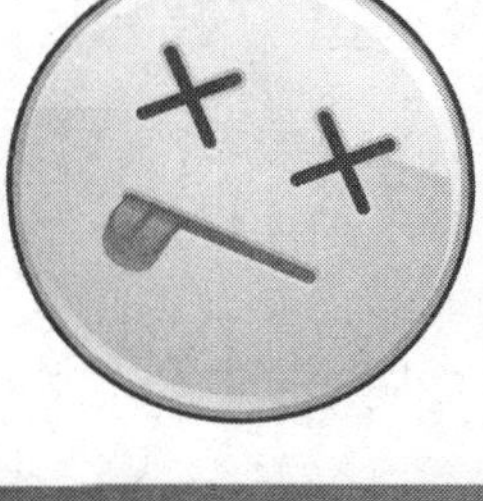

À l'école des Vilains, voilà une heure que le général Tao n'a pas eu de nouvelles de Won Tong. S'est-il fait capturer par les ninjas ? Avouera-t-il sous la torture les sordides plans des Tchickens ?

Il ne faudrait pas... NON !

Dans la classe, le silence est de plus en plus insupportable. Assis chacun à leur place, Soo Guy, Tchen Saw et Tas ne savent plus où regarder. Ils fixent les murs, le plancher, le plafond, leurs dessous de bras. Ils ne veulent surtout pas croiser le regard de leur maître de crainte de faire les frais de son impatience.

Du corridor, un bruit de réacteur sur le point de flancher se fait de plus en plus audible.

C'EST WON TONG QUI REVIENT! Le général Tao bondit de son siège.

— **WON TONG!** Est-ce toi?

La voix de Won Tong résonne au loin dans le corridor.

—OUI! C'est moi, chef. Ces foutus ninjas ne m'ont presque pas touché.

Et il fait enfin irruption dans la classe...

Soo Guy, Tchen Saw et Tas constatent avec stupeur le piètre état de leur ami.

— Mais tu n'es plus qu'une épave, Won Tong ! s'exclame le général. Tu es juste bon pour la ferraille.

— Non, patron, le corrige son espion. Moi je m'en suis tiré avec un simple problème de carrosserie. Les ninjas ont perdu beaucoup plus que ça.

Cette déclaration attise la curiosité du général Tao, qui s'approche de Won Tong en souriant.

— Ne me dis pas qu'en plus d'avoir réussi à obtenir des renseignements, tu es parvenu à faire ça tout seul? dit-il d'un air énigmatique.

Les autres Tchickens ne saisissent pas de quoi il veut parler.

— Mais qu'est-ce que Won Tong a réussi à faire, Votre Anormal Frigo, euh, pardon, général Tao? demande Tas.

— J'ai réussi à éliminer le maître des ninjas, leur annonce-t-il avec fierté. Sensei Paul est gravement blessé. J'ai fait ce qu'il fallait pour qu'il ne s'en sorte pas.

Près de lui, le général Tao se frotte les mains d'excitation. L'euphorie gagne rapidement toute la classe.

— C'EST LE MOMENT TANT ATTENDU ! proclame le général. DONNEZ L'ORDRE À TOUS LES ÉLÈVES DE

SE RENDRE DANS LA COUR! LE TEMPS EST VENU DE CONQUÉRIR GAGATOWN!

Les cris d'allégresse des Tchickens résonnent dans toute l'école...

YEAAAAAAAAH!

CHAPITRE 7

ON PEUT COMPTER SUR SES AMIS, ET SUR UNE CALCULATRICE !

Dans la classe des Ninjas, c'est la pagaille la plus complète. Tout d'abord il y a les lumières au plafond qui clignotent comme des stroboscopes. Ensuite, la plupart des pupitres ont été renversés, certains sont même brisés. Plusieurs chaises ont été retournées, mais pire que tout, il est arrivé un grand malheur...

Dans le coin de la classe le plus éloigné de la sortie, des élèves sont tous réunis autour de leur maître. Celui-ci gît inerte sur le plancher, à demi appuyé contre le mur. Le visage de Sensei Paul est tout blanc avec des taches bleues. Ses lèvres sont mauves et son regard est vide.

— Dites-moi que je fais un cauchemar, gémit Pink Kiss, le visage ruisselant de larmes.

Ninja Kid arrive en trombe dans le local et vient s'agenouiller près de son maître.

— Comment va-t-il? demande-t-il à ses camarades.

Pogo et Enrico Trudel baissent tristement les yeux sans rien dire.

— Nous n’avons pas le choix, déclare Kit Kat. Il faut l’emmener tout de suite à l’école de Médecine, sinon il ne survivra pas.

Tous les élèves approuvent d’un hochement de tête.

ZIOOUUUP !

C'est le téléphone de Pink Kiss qui indique l'arrivée d'un texto. Elle plonge aussitôt la main dans sa poche.

— Ça ne peut être que ton amoureux anonyme, dit Pogo. Ce n'est pas vraiment le temps de vous envoyer des mots doux et des bécots, tu sais? Qu'est-ce qu'il veut?

Pink Kiss lit le texto affiché sur son petit appareil.

Ma belle Pink Kiss, trouve une bonne place pour te cacher, car l'armée du général Tao entoure ton école. Personne ne peut s'échapper maintenant.

La jeune ninja bondit sur ses jambes et se précipite à la fenêtre.

— NOOOOOON! s'écrie-t-elle en portant une main à sa bouche.

Ninja Kid se tourne vers elle.

— QUOI ? QU'EST-CE QUI SE PASSE, PINK KISS ? s'alarme-t-il en la rejoignant.

La scène qu'il découvre à l'extérieur est dramatique. Leur établissement est cerné par les élèves de l'école des Vilains. Ils sont des centaines. À leur tête, juste devant l'entrée, Ninja Kid reconnaît tout de suite cette grande silhouette portant une armure rouge, grise et jaune...

LE GÉNÉRAL TAO !

Le plus vil de tous
les vilains est entouré
de ses fervents complices,

les Tchickens : Tas, Soo Guy, Tchen Saw et celui-là même qui a blessé gravement Sensei Paul, ce salaud de Won Tong.

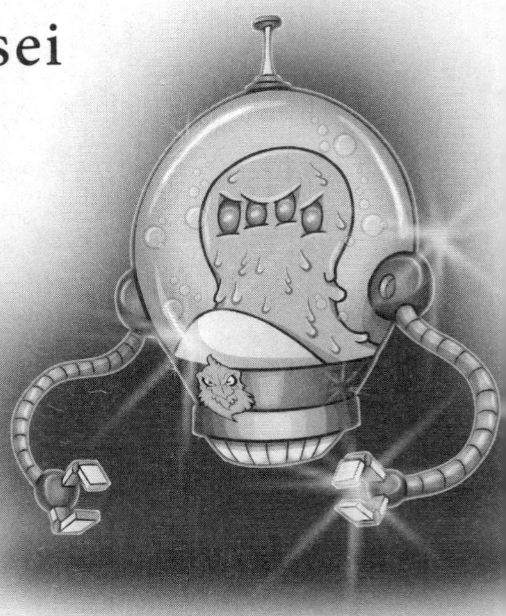

Ce dernier a enfilé une toute nouvelle armure. Il est donc prêt à combattre à nouveau. Il y a des occasions où c'est vraiment **MÉGA** pratique d'être un cyborg.

Kit Kat, Pogo et Enrico Trudel ont rejoint leurs camarades et constatent eux aussi la gravité de la situation dans laquelle ils se trouvent.

— Mais nous ne pourrons jamais TOUS les combattre, Ninja Kid! s'exclame Enrico Trudel. Ils sont des centaines et nous ne sommes que six ninjas par classe.

— Nous sommes cinq dans notre classe ! le corrige Pogo. Tu oublies que Sensei Paul est gravement blessé.

Ninja Kid se retourne vers son maître. La respiration de ce dernier ralentit de plus en plus.

— Avant d'engager le combat, déclare-t-il, il faut conduire le maître à l'école de Médecine.

— Mais comment allons-nous faire ? demande Kit Kat. Nous sommes complètement entourés. Il n'y a aucun moyen de sortir d'ici sans se faire voir.

Ninja Kid réfléchit quelques secondes, puis, à la grande surprise de ses amis, il se met à crier à la fenêtre.

GÉNÉRAL TAO !

Tout en bas, le principal intéressé répond:

Quoi, Ninja Kid ?

— NOUS AVONS UN BLESSÉ GRAVE! NOUS DEMANDONS UNE TRÊVE LE TEMPS DE LE CONDUIRE À L'ÉCOLE DE MÉDECINE DE GAGATOWN POUR QU'ILS PUISSENT LE SOIGNER!

Le général Tao réfléchit et répond au jeune ninja.

— DONNE-MOI QUELQUES SECONDES ! JE VAIS CONSULTER MES CONSEILLERS.

Autour de lui, les Tchickens s'étonnent de la réponse de leur maître.

— Mais Carnaval Bolo, euh, général Tao, lui

signale Tas. Vous n'avez pas de conseillers, vous n'en avez jamais eu, vous décidez tout, tout le temps.

Je le sais trop bien, sextuple idiot !

— Mais alors, pourquoi avez-vous dit que vous alliez consulter ce que vous n'avez pas ?

— Parce que je ne peux pas répondre à Ninja Kid, car je ne sais pas ce que veut dire le mot « trêve ». Et je ne veux pas passer pour un ignorant devant tout le monde. Je serai bientôt une légende qui entrera dans TOUS les livres d'histoire du monde, alors je dois faire attention à ma **FUTURE** réputation.

La bouche béante, Tas ne comprend pas ce que lui raconte son maître.

— Prends ton cellulaire, va sur Internet et tape le mot « trève », ordonne le général à son guerrier.

VITE !

Tas s'exécute aussitôt. En quelques secondes, il se retrouve sur Google.

Tandis que Ninja Kid attend la réponse de Tao avec impatience, Pink Kiss tient la main de son maître.

— La respiration de Sensei Paul se fait de plus en plus faible, prévient-elle.

La tension monte d'un cran dans la classe.

— Mais qu'est-ce qu'il attend pour me répondre, ce général en conserve! s'énerve Ninja Kid.

Tas a enfin trouvé. Il montre l'écran de son téléphone à son maître.

Le général Tao place ses deux mains de chaque côté de sa bouche afin de bien se faire comprendre de Ninja Kid et des autres assiégés.

— UNE TRÊVE POUR FAIRE SOIGNER VOTRE SENSEI ? crie-t-il. NON ! *NEVER !* PAS QUESTION ! *PÙ SHI ! NO !* NOUS NE SOMMES PAS ICI POUR FAIRE LA CHARITÉ !

NOUS SOMMES ICI POUR VOUS ÉLIMINER TOUS !

Rouge de colère, Ninja Kid se dirige d'un pas décidé vers la sortie du local.

— JE M'EN VAIS DE CE PAS ZIGOUILLER CE MONSTRE DEVANT TOUT LE MONDE ! AINSI QUE TOUTE SA BANDE DE LÈCHE-BOTTES !

Enrico Trudel et Pogo se placent devant lui pour l'empêcher de sortir.

— TU ES FOU! ARRÊTE! le supplie Pogo. Tu as oublié ce que nous a répété si souvent le maître: contrôle ta colère, sinon elle te conduira à ta perte.

Immobilisé par ses deux amis, Ninja Kid se met alors à réfléchir. Dans le coin de la classe, il aperçoit Pink Kiss qui pleure à chaudes larmes près du maître.

— MAIS VOUS NE VOYEZ PAS QUE NOTRE SENSEI VA Y PASSER ? s'exclame-t-il. NOUS DEVONS FAIRE QUELQUE CHOSE !

Pink Kiss reçoit soudain un nouveau texto.

CHAPITRE 8

Les méchants ne sont pas tous méchants, bon !

— C'est mon prétendant, rapporte la jeune ninja à ses amis.

Pink Kiss, votre école est presque complètement encerclée. Toutes les issues sont surveillées par des groupes d'élèves de l'école des Vilains. Cependant, j'ai constaté que la porte qu'utilise votre concierge pour l'entretien de la chaufferie n'est pas surveillée. Y a-t-il un passage que vous pouvez emprunter jusqu'à ce petit édifice? Si oui, je vais vous y attendre. Amenez-moi votre Sensei, je le conduirai moi-même à l'école de Médecine pour qu'il se fasse soigner.

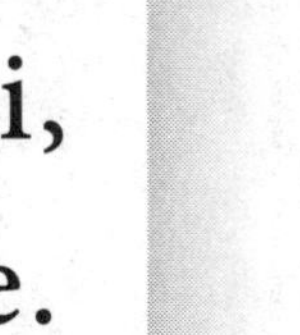

Pink Kiss essuie ses larmes et pousse un soupir de soulagement.

— Je crois que je vais donner à ce garçon le plus long bec qu'il ait jamais reçu, déclare-t-elle ensuite en souriant.

Ses camarades restent médusés en entendant son commentaire.

— MAIS VOYONS, TU ES COMPLÈTEMENT FOLLE! se fâche Enrico Trudel. Tu ne crois pas que le temps est mal choisi pour faire des **mamours** à ton futur petit amoureux?

— MAIS NON! VOUS NE COMPRENEZ PAS, REGARDEZ LE TEXTO! dit la jeune ninja en tournant l'écran de son appareil vers ses amis.

— Moi aussi, je crois que je vais l'embrasser, ton petit copain ! s'exclame Pogo après avoir lu le message.

— Cesse de dire des bêtises ! le gronde Pink Kiss sans pouvoir retenir un sourire.

Pendant que ses amis plaisantent, Pogo est plongé dans une profonde réflexion.

— Oui ! s'exclame-t-il soudain. Il y a bien un passage souterrain, je l'ai déjà vu. Pour s'y rendre, il faut passer le local où est remisé tout le matériel de nettoyage. Ce passage servait autrefois pour transporter le charbon jusqu'à la fournaise. Depuis que l'école est chauffée à l'électricité, plus personne ne l'utilise.

Le visage de Ninja Kid s'illumine.

— Toi, Pink Kiss, texte à ton petit ami que nous serons avec notre maître à cette sortie dans deux minutes. Vous, les gars, aidez-moi à transporter notre Sensei. Nous partons tout de suite.

Nous arriverons
à cette sortie
dans deux
minutes avec
notre maître. Merci pour
ton aide précieuse. X

Cela me fait
extrêmement
plaisir,
ma chère.
Je pars tout de suite vous y
rejoindre, jolie ninja... X

Dehors, le général Tao et ses guerriers revoient leur stratégie pour l'assaut final.

— BON ! Alors, tout le monde a compris, il faut absolument éliminer TOUS les ninjas, répète le général. Les survivants, ce n'est jamais très bon pour un dictateur, ils veulent tout le temps se venger. Je ne veux pas avoir à subir d'attaques

pendant mon règne.
Je veux devenir le maître incontesté de Gagatown.

— OUI, MAÎTRE ! entonnent les guerriers.

— Tout le monde est prêt pour l'attaque, Cérébral Bozo ! Euh ! Pardon, général Tao, déclare le très dévoué mais très odorant Tas.

Le général s'en réjouit. Mais tout à coup, le visage du futur souverain de Gagatown devient soudain songeur.

— Mais où est donc Soo Guy? demande-t-il en cherchant partout autour de lui.

— Il est parti vers l'arrière de l'école après avoir reçu un texto,

Familial Cacao ! Euh !
Pardon, général Tao !

— QUOI ? s'égosille le général. C'EST DONC LUI, LE TRAÎTRE ! TROUVEZ-LE-MOI IMMÉDIATEMENT !

Le petit groupe de ninjas arrive enfin au bout du long tunnel humide qui relie l'école à la chaufferie.

— OK ! C'est en haut de cet escalier ! annonce Pink Kiss qui se tient en tête du groupe en éclairant le sombre passage avec la lumière de son téléphone. Je monte ouvrir la porte.

Alors qu'elle tend la main vers la fermeture, Ninja Kid l'arrête.

— ATTENDS ! lui intime-t-il. Et si c'était un piège ? Nous pourrions faire bêtement entrer dans l'école les guerriers de ce cinglé de Tao.

— Tu as raison ! Je vais texter mon prétendant pour vérifier.

—Bonne idée! dit Kit Kat.

ZI-ZI-ZIOOUUUP !

—C'est envoyé! annonce Pink Kiss.

Mon ami!
Si tu es de
l'autre côté de
la porte, frappe
trois fois.

Soudain...

Pink Kiss sourit.

— Il est là.

— QU'EST-CE QUE TU ATTENDS POUR LUI OUVRIR ? s'exclame maintenant Ninja Kid.

Pink Kiss pose la main sur la clenche et la fait glisser.

Lorsque la lourde porte s'ouvre, les ninjas découvrent enfin l'identité de leur allié. C'est...

Pink Kiss saute au cou de ce dernier et se met à l'embrasser sans se soucier des autres. Soo Guy rougit sous son armure.

— Euh ! Excusez-moi, les amis, lance Enrico Trudel, un peu mal à l'aise. Je crois qu'il faudrait reporter cette cérémonie de mariage, car nous avons d'autres chats à fouetter. Ou si vous préférez, d'autres vilains à combattre.

Pink Kiss rougit à son tour et prend la main de Soo Guy dans la sienne.

— Je crois que vous devriez tous venir avec moi et fuir pendant que vous le pouvez, propose Soo Guy. Je pense que c'est votre seule chance de sortir vivants de cette situation.

Tous les ninjas se regardent.

— NON ! riposte vivement Ninja Kid. Il n’est pas question de laisser les autres élèves de l’école combattre seuls le général Tao et ses guerriers, ils n’auraient aucune chance.

— Tu as raison, Kid, l'approuve Kit Kat. Sans Sensei Paul, sans nous tous, ce serait un vrai massacre.

— Tu es très brave de risquer ta vie en voulant sauver celle de notre maître, lui dit-il avec admiration. Tu possèdes l'âme d'un vrai ninja! Mais c'est maintenant à nous de défendre notre vie.

Chapitre 9

L'amour rend fou, la guerre Rambo...

Dans la cour de l'école, Ninja Kid a rassemblé tout le monde afin de discuter stratégie. Même le directeur et le concierge sont là...

— Mes amis, l'heure est grave ! commence le jeune ninja qui s'est juché sur les épaules de Pogo pour mieux se faire entendre.

— Nous devrons tous nous battre jusqu'à la limite de nos forces. Le combat sera terrible, mais pour vous encourager, le directeur a décidé que, quelle que soit l'issue de la bataille, chacun recevra une note parfaite dans son prochain bulletin :

Euphoriques, tous les ninjas rassemblés dans la cour lancent de retentissants cris de joie.

Devant l'école, le général Tao et ses acolytes stoppent net.

— C'est quoi, ces hurlements, Horizontal Bingo ? Euh ! Pardon, général Tao ! Des cris guerriers ninjas ?

— Ce n'est rien, cher Tas. Ne t'en fais pas. Continue à puer, euh, continue à te préparer pour la bataille. Dans quelques minutes, ce seront des pleurs de bébés que nous entendrons.

Redescendu au sol, Ninja Kid rassemble ses camarades de classe.

— Enrico et Pink Kiss, vous allez vous positionner dans la cour de l'école avec les autres. Pogo, Kit Kat et moi allons protéger l'entrée principale en surveillant la cour depuis une classe du deuxième étage.

— Et après ? demande Enrico Trudel. Nous attendons qu'ils passent à l'attaque pour nous défendre ?

— NON ! J'ai une meilleure idée...

UNE IDÉE TERRIBLE!

Comme au hockey : la meilleure défensive est l'offensive. Nous n'allons pas attendre qu'ils donnent l'assaut, car c'est nous qui allons les provoquer !

Tous les amis de Ninja Kid ont déjà très hâte à la suite...

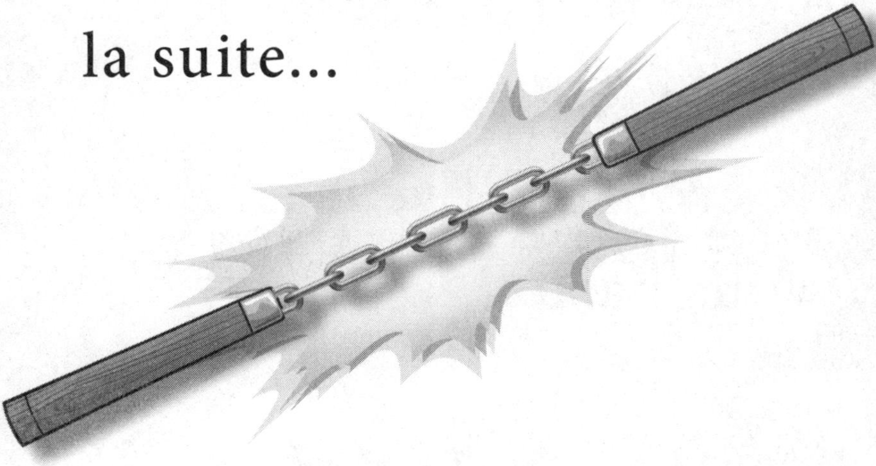

DEVANT L'ENTRÉE DE L'ÉCOLE...

— INTESTINAL DINGO! Euh! Pardon, général Tao! s'écrie Tas. Ninja Kid est à la fenêtre, je crois qu'il veut encore vous parler.

Le général lève la tête.

— ALORS, NINJA KID, TU VIENS ENCORE RÉCLAMER UNE TRÊVE?

— NON! PAS DU TOUT!

— QU'EST-CE QUE TU ME VEUX, DANS CE CAS?

— JE VEUX JUSTE TE DIRE QUE JE VAIS TE FAIRE TA FÊTE, ESPÈCE DE GROS PAS GENTIL! lui lance le jeune ninja.

Pogo ne trouve pas que les paroles de son ami sont très impressionnantes.

— Hein ! Mais qu'est-ce que tu dis là ? s'étonne-t-il. C'est avec ces paroles stupides que tu comptes le provoquer ? Ma grand-mère ferait mieux que toi !

Ce sont des menaces de bébé lala.

Vexé, Ninja Kid tente de se reprendre.

— TAO, JE VAIS REMODELER TON VISAGE JUSQU'À CE QUE TU SOIS MÉCONNAISSABLE. EN FAIT, C'EST UN SERVICE QUE JE VAIS TE RENDRE, CAR TU ES

TOUT CE QU'IL Y A DE PLUS HORRIBLE !

— **AAAAAH !** Là tu parles, mon ami, se réjouit Pogo. Ce fou de général ne pourra certainement pas résister à cette provocation injurieuse.

En effet, à ces mots, le général Tao entre dans une grande furie...

Chapitre 10

La seule fin heureuse est la fin de semaine...

À l'entrée de l'école, le visage rouge de colère, le général Tao lance le signal de l'attaque.

Les guerriers les plus proches de lui répètent le signal aux autres pour qu'il se rende jusqu'au dernier vilain.

Près du général, Tas s'interroge.

— Mais Caporal Méo! Euh! Pardon, général Tao! Pourquoi avez-vous crié « cocorico » au lieu de dire « à l'assaut »? Vous vous prenez pour un poulet, général?

Euphorique, le général sourit malicieusement et se frotte les mains de joie.

— Tu vas bientôt voir pourquoi, mon cher Tas, répond-il. Je leur ai réservé des petites surprises… des petites surprises à huit pattes en fait.

Le visage de Tas se crispe d'incompréhension. Une fois de plus, il n'a rien compris de ce que lui raconte son supérieur.

Autour de l'école des Ninjas, les vilains fouillent dans leur sac à dos pour en ressortir une espèce de gros œuf vert. Une fois cet œuf bien en main, ils adoptent tous la même position. C'est-à-dire qu'ils s'apprêtent à lancer le curieux projectile en direction de l'école.

Mais que contiennent ces œufs bizarres?

De la fenêtre du deuxième étage où ils sont postés, Ninja Kid et Pogo ont remarqué la manœuvre. Ils voient que le général Tao a donné l'ordre d'attaquer, mais ils ignorent encore ce qui se trame.

— ÇA Y EST, POGO ! s'écrie Ninja Kid en brandissant son katana. PRÉPARE-TOI ! Ils envahiront l'école dans quelques secondes.

Mais il se trompe...

De son côté, bien décidé à en faire voir de toutes les couleurs aux Tchickens, Pogo dégaine lui aussi son épée bien affûtée.

IYAAAAAAAAAAAAA
AAAA! ON Y VA?

—NON, MON AMI ! lui répond Ninja Kid. Rappelle-toi le plan, nous avons dit que nous allions jouer un petit peu à cache-cache avec eux : on les laisse tout d'abord s'infiltrer dans l'école, et lorsqu'ils sont tous à l'intérieur, on leur tombe dessus. Il y a des ninjas cachés partout, dans les casiers, dans les placards, dans les toilettes...

PARTOUT! Nous prendrons le général Tao et sa bande en souricière.

À l'entrée de la classe, Kit Kat surveille le corridor. Lorsque le moment sera venu, c'est lui qui donnera le signal aux ninjas de sortir de leur cachette.

Ninja Kid a envoyé ses amis Enrico Trudel et Pink Kiss en arrière de l’école, dans la cour. Ces deux redoutables ninjas ont la responsabilité d’accueillir les vilains qui voudraient s’introduire dans l’édifice avec une pluie de shurikens. Pour accomplir cette tâche, ils ne sont pas seuls. NON! En plus d’être accompagnés par une trentaine d’autres ninjas armés de dangereux katanas, ils sont soutenus par monsieur Bouddha Singapour, le directeur. Comme tous les élèves, il a décidé de défendre son école coûte que coûte.

Sous l'œil attentif de Ninja Kid et de Pogo, le général Tao lève son bras droit et le rabaisse. C'EST LE SIGNAL QU'ATTENDAIENT SES GUERRIERS !

Avec force et précision, ils lancent leurs œufs. Les étranges projectiles tracent un arc dans le ciel et viennent fracasser plusieurs fenêtres de l'école.

CRING ! CRANG ! CRING !

Sur le plancher des classes s'écrasent des centaines d'œufs.

Déconcerté, Pogo regarde ce qui vient de tomber à ses pieds.

— MAIS POURQUOI EST-CE QU'ILS NOUS LANCENT DES ŒUFS POURRIS ? s'écrie-t-il.

— Ce ne sont pas des œufs pourris, Pogo ! le détrompe Ninja Kid.

— Mais qu'est-ce que c'est, alors?

— Ce sont des œufs de tarentueuses de l'Himalaya... DES ARAIGNÉES TUEUSES! Il y en a partout dans l'école. KIT KAT! DONNE L'ALERTE TOUT DE SUITE!

— **YAAAAAGAAAAAA!** hurle celui-ci à pleins poumons.

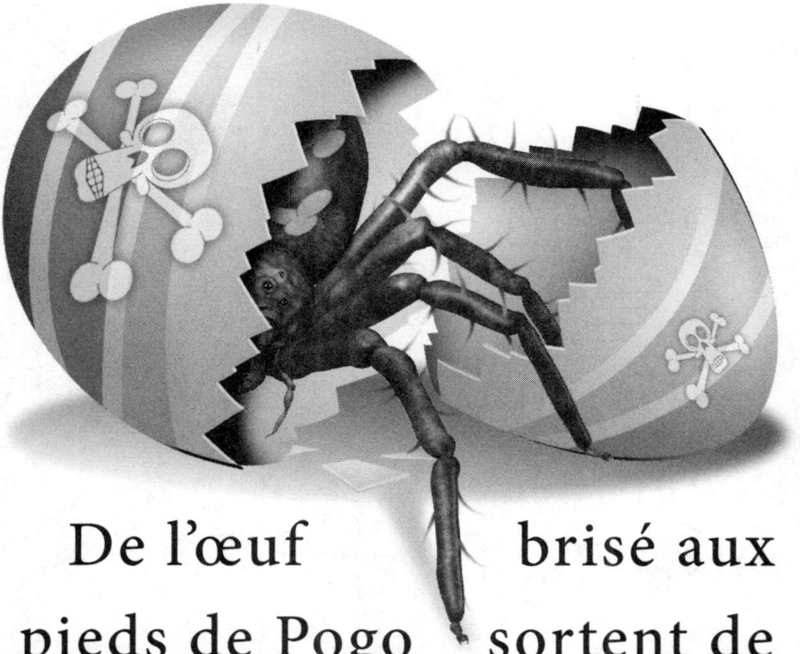

De l'œuf brisé aux pieds de Pogo sortent de longues pattes poilues. Pogo recule et saisit son katana à deux mains. Une grosse araignée verte pousse avec son dos velu les fragments de coquille, puis elle se met à fixer le jeune ninja en bavant et en faisant claquer ses mandibules tranchantes... ELLE VA L'ATTAQUER S'IL NE SE DÉFEND PAS !

Un sifflement se fait soudain entendre...

Un shuriken file dans la classe comme une étoile filante et va clouer le gros arachnide mortel au plancher. Pogo se tourne vers l'expéditeur : c'est nul autre que Ninja Kid.

— Merci, Kid ! soupire Pogo qui vient de l'échapper belle.

— Oublie ton katana, Pogo, car tu ne dois pas

laisser ces tarentueuses s'approcher de toi. Si l'une d'elles parvient à t'égratigner, tu seras empoisonné et tu tomberas dans un profond sommeil qui durera plus de deux cents ans, mon ami.

— D'accord, Kid ! répond Pogo.

Sur ses gardes, ce dernier balaie rapidement la classe du regard et constate qu'il y a au moins une douzaine d'œufs cassés sur le plancher. Kit Kat a fait le même constat et bondit sur un pupitre pour éviter de se faire mordre. Il tire ensuite deux shurikens de son sac et les lance. Les étoiles d'acier atteignent leurs cibles avec précision.

Deux autres tarentueuses ont leur compte.

Du corridor, des cris atroces surviennent.

Il est clair que la bataille contre les tarentueuses fait rage dans l'école.

Quatre grosses araignées dégoûtantes s'approchent

rapidement de Ninja Kid. Le jeune ninja place quatre shurikens entre les doigts de sa main droite et les envoie dans leur direction avec puissance.

Les quatre étoiles tranchantes font le tour

de la classe comme des boomerangs et reviennent couper en deux les quatre araignées belliqueuses.

Occupé à scruter les alentours, Kit Kat n'a pas remarqué que deux tarentueuses ont entrepris de grimper sur l'une des pattes de son pupitre. Pogo s'en est aperçu. Il brandit son katana et le lance de toutes ses forces. L'arme tranchante tourne comme une scie redoutable et va décapiter les deux araignées vertes. Mais le katana a aussi coupé la patte du pupitre, et ça, ce n'était pas prévu. Le meuble penche maintenant dangereusement.

En déséquilibre, Kit Kat tombe et se ramasse le derrière sur le plancher.

Assis sur son séant, et voyant qu'il l'a échappé belle, Kit Kat adresse un large sourire à son ami Pogo.

— Merci! dit-il. Mais à cause de la patte coupée,

le maître ne t'aurait donné que quatre bouddhas sur cinq, tu le sais ça, hein?

Pogo fait un clin d'œil à son ami et lui sourit à son tour.

Les tarentueuses qui restent dans la classe se sont regroupées et s'apprêtent à attaquer les trois jeunes ninjas en éventail. Ninja Kid s’écrie alors:

Les trois amis se font un signe de tête. COMPRIS!

— OGORO! répètent-ils tous en chœur.

C’est le nom d’une technique qui consiste à lancer quatre shurikens en même temps d'une seule main. Il faut placer les shurikens en éventail entre les doigts d'une main et les lancer de toutes ses forces en balayant d'un geste vif devant soi avec son bras de gauche à droite.

Les trois ninjas s'exécutent avec synchronisme. Une pluie de douze shurikens dévastateurs s'abat sur les tarentueuses. Leurs pattes vertes et poilues volent dans tous les sens et leur corps odieux éclate comme un ballon crevé. La riposte fulgurante des jeunes ninjas ayant réussi, la classe est maintenant débarrassée de ces premiers ennemis.

Pogo et Kit Kat inspirent profondément pour savourer leur victoire. Ils savent cependant que le combat n'est pas terminé.

— RAMASSEZ VOS SHURIKENS, LES AMIS, ET ALLONS PRÊTER MAIN-FORTE AUX AUTRES ÉLÈVES! VITE! commande Ninja Kid.

À l’arrière de l’école, des dizaines de guerriers du général Tao ont entrepris de pousser sur la clôture qui entoure la cour. Celle-ci va céder d’une seconde à l’autre. Voyant que l’invasion est imminente, Bruno le concierge dévisse lentement le manche de sa vadrouille. Ce qui semblait n’être qu’un

inoffensif accessoire de ménage est en réalité un dévastateur bâton de bō-jutsu.

NINJAPÉDIA

WWW.NINJAPÉDIA.CON/BÔ-JUTSU/QUESSÉ_CA?

Le bō-jutsu, forme d'attaque pratiquée au Japon depuis le seizième siècle, fait de ce simple bâton une arme redoutable. Bruno est l'un des maîtres incontestés de ce type de combat.

Bruno a même gagné plusieurs tournois mondiaux.

Le général Tao constatera douloureusement qu’à l’école des Ninjas, tout le monde est capable de se défendre.

Sous la pression des guerriers du général Tao, une partie de la clôture de la cour d’école finit par s’écrouler.

Le seul obstacle qui empêchait ces ignobles méchants d'entrer vient de céder. LA BATAILLE VA COMMENCER!

Trois vilains se jettent aussitôt dans l'ouverture et passent à l'attaque en criant comme des fous.

Appliquant le plan établi, monsieur Bouddha Singapour se met aussitôt en boule au sol. Quatre ninjas le font rouler comme une grosse boule de quilles dévastatrice en direction des envahisseurs.

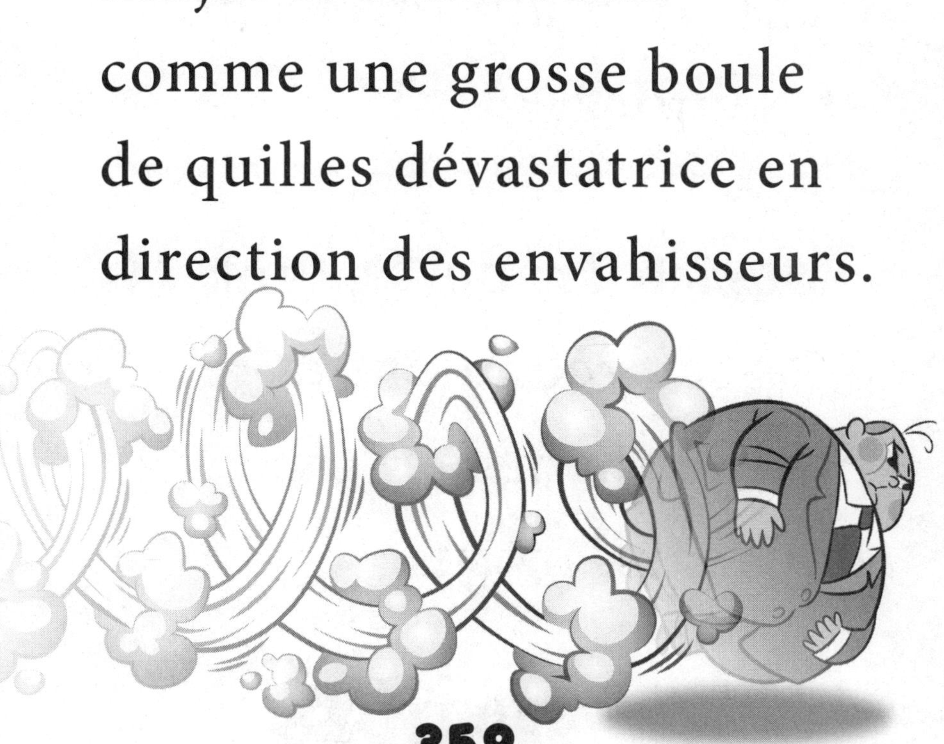

C'EST RÉUSSI !

Les premiers attaquants s'écroulent au sol comme de simples quilles.

Cependant, derrière eux, d'autres vilains arrivent en renfort.

Enrico Trudel et Pink Kiss se précipitent et se positionnent face aux nouveaux intrus.

Pink Kiss fait tourner rapidement son nunchaku et crie à son ami :

— C'EST EUX OU NOUS QUI ALLONS TOMBER ?

— C'EST EUX ! **YAAAH !** répond Enrico.

Grâce à ses terribles coups de griffes, Enrico parvient à faire tomber les premiers ennemis. Pink Kiss, quant à elle, réussit à assommer les autres. Mais voilà que des dizaines de méchants s'engouffrent dans la brèche et se jettent sur les deux ninjas. Pink Kiss et Enrico doivent à présent affronter une vingtaine d'ennemis.

Bruno arrive près d'eux en renfort. Avec son long bâton, il parvient à repousser plusieurs attaquants. Seule face à un ennemi, Pink Kiss passe plusieurs fois son nunchaku derrière ses épaules et sa taille. Comme hypnotisé par la manœuvre, le guerrier du général Tao demeure immobile jusqu'à ce qu'il se retrouve au sol, assommé par sa rivale.

De son côté, Enrico Trudel tournoie comme une toupie sur la pointe de ses pieds. Grâce à cette adroite manœuvre, il réussit à taillader trois attaquants d'un seul coup. Sérieusement blessés, ces derniers s'enfuient en pleurnichant comme des bébés privés de leurs hochets.

Pendant que les combats font rage dans la cour, Ninja Kid et son équipe ont réussi à éliminer toutes les tarentueuses à l'intérieur de l'école.

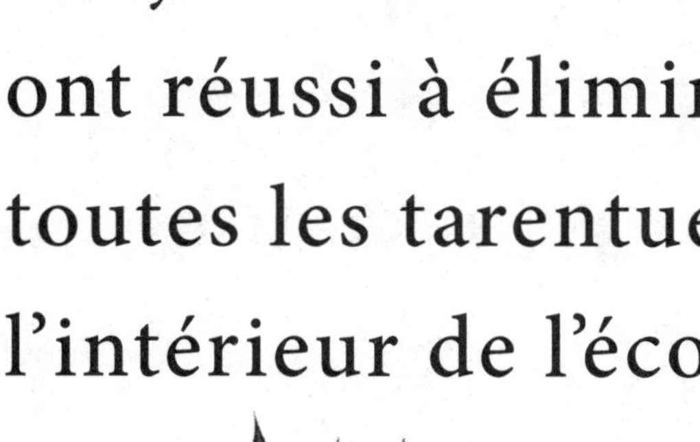

Leurs cris de victoire retentissent jusqu'au général Tao, qui se tient toujours devant l'entrée de l'école. Pris d'une grande colère, il se tourne vers les Tchickens qui l'entourent et leur donne l'ordre d'attaquer.

— À L'ASSAUT ! hurle-t-il. ET NE FAITES SURTOUT PAS DE PRISONNIERS, CES FOUTUS NINJAS DOIVENT TOUS Y PASSER !

À l'aide de la scie qui tourne au bout de son bras droit, Tchen Saw parvient facilement à créer une petite ouverture dans la porte de l'école. Au tour de Tas de jouer. Ayant la capacité de changer de forme et de taille à sa guise, ce dernier s'infiltre aisément dans l'entaille et, une fois à l'intérieur, ouvre la porte aux autres. Désormais, la voie est libre pour le général Tao et ses guerriers.

Le premier
à entrer dans
l'école est Won Tong,
celui-là même qui a blessé
gravement Sensei Paul.
Au bout du corridor,
Ninja Kid l'aperçoit.

Katana en mains, il fonce sans hésiter en brandissant son arme devant lui.

Won Tong s'élance aussitôt comme un boulet de canon vers le jeune ninja.

L'impact entre les deux adversaires est si assourdissant que plusieurs doivent se boucher les oreilles.

Le nuage de poussière soulevé est si opaque que les deux clans postés à chaque extrémité du corridor ne voient plus rien. Immobiles, ils attendent que la poussière se dissipe.

CHAPITRE 11

Le bien triomphera-t-il toujours du mal ?

Dans la cour de l'école, les derniers attaquants du général Tao s'enfuient avec plusieurs douloureux shurikens plantés dans leurs fesses.

— Ces méchants ne pourront pas s'asseoir pendant un bon moment, s'esclaffe Enrico Trudel en les regardant décamper.

Remplis d'allégresse, Pink Kiss, Enrico Trudel, le directeur, le concierge et tous les ninjas postés à cet endroit se félicitent d'avoir gagné la bataille en se donnant de chaleureuses accolades. Les ignobles vilains du général Tao ont été repoussés magistralement. Mais qu'en est-il pour Ninja Kid et les autres? Il y a plusieurs minutes qu'ils n'ont pas donné de nouvelles. LEUR SERAIT-IL ARRIVÉ MALHEUR?

Pink Kiss décide de s'en informer. Craignant le pire, elle envoie un texto à Pogo.

POGO! Est-ce que ça va? Nous, de notre côté, nous avons réussi à repousser l'ennemi. ET VOUS?

Les secondes passent sans que la jeune ninja obtienne de réponse. Elle essaie à nouveau, mais toujours rien.

Sans parler, elle regarde Enrico Trudel d'un air grave et pointe l'entrée de l'école d'un signe de tête. Celui-ci hoche la tête pour indiquer qu'il a saisi ce qu'elle veut dire.

— Allons voir! déclare-t-il en se dirigeant vers la porte avec Pink Kiss.

Tous les autres leur emboîtent le pas...

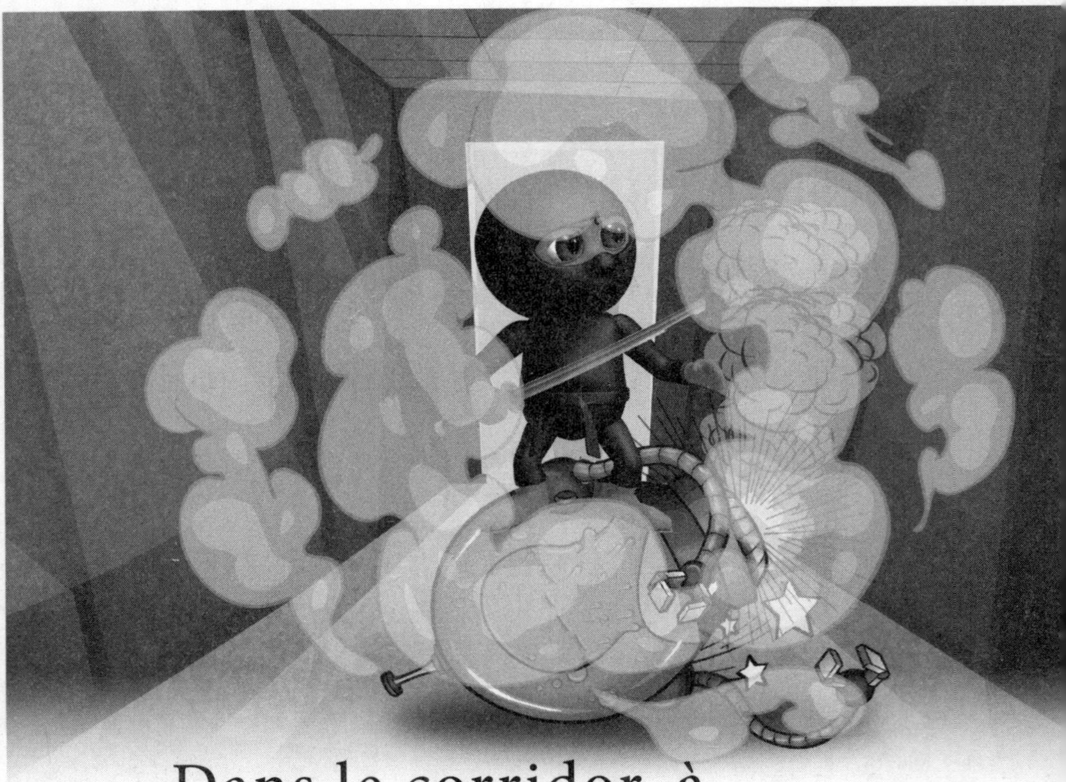

Dans le corridor, à l'endroit de l'impact entre Ninja Kid et Won Tong, la poussière se dissipe lentement et laisse apparaître les contours d'une silhouette… C'EST CELLE DE NINJA KID !

Il a vaincu Won Tong. Ce dernier gît inanimé sur le plancher, entre les débris de l'appareil qui le tenait en vie. Le maître des ninjas a donc été vengé.

Debout sur le corps gluant de Won Tong, Ninja Kid fixe le général Tao d'un air de défi. Celui-ci fait quelques pas dans la direction de son ennemi.

— Avec l'élimination de Won Tong, commence le général, nous sommes quittes. J'ai perdu un guerrier, et vous aussi. En fait, vous avez perdu un maître, donc à bien y penser, la perte est plus grande de votre côté. Sans votre Sensei, vous n'êtes plus qu'un paquet de petits ninjas inoffensifs. Des coqs sans tête, quoi.

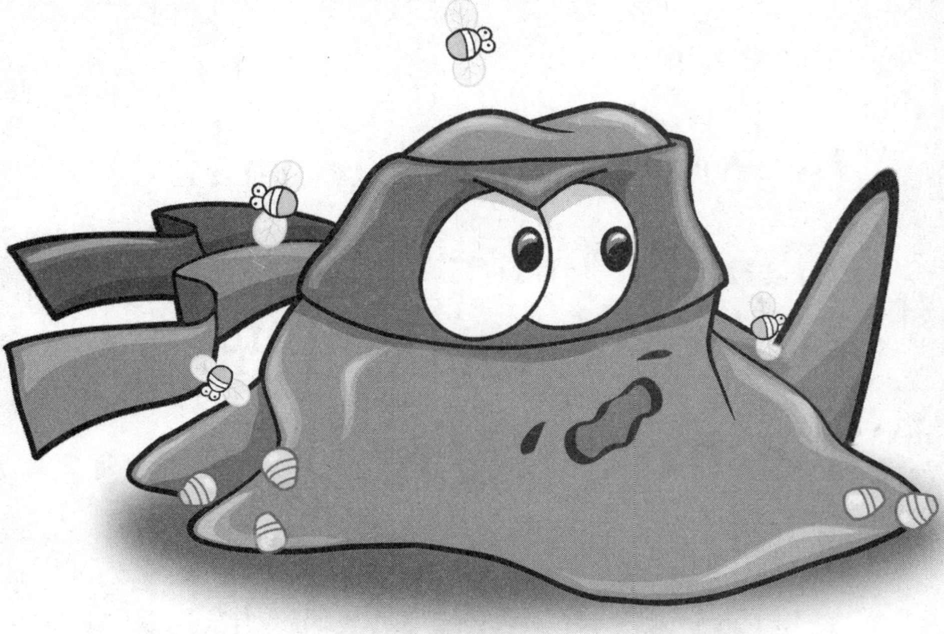

Tas corrige le général.

— Pardon, Tropical Sombrero ! Euh ! Pardon, général Tao ! Je crois qu'il faut dire : poules sans tête.

Exaspéré par les rectifications incessantes

de son fidèle dictionnaire puant, le général lui administre une violente taloche.

SLACHHHHH!

Tas tombe dans les pommes et Ninja Kid reprend la parole.

— Espèce de cinglé démoniaque, lance-t-il à

l'adresse du général, sache que notre maître est en train de se faire soigner à l'école de Médecine. Et qu'il a été conduit là-bas par l'un des tiens : Soo Guy. Tu vois, même tes Tchickens ne te soutiennent plus dans ton projet de devenir le maître incontesté de Gagatown.

Le général Tao éclate de rire.

— Espèce de petit idiot ! crache-t-il. Ton maître ne survivra pas, car j'ai fait intercepter Soo Guy avant qu'il ne parvienne à l'école de Médecine. Je savais que c'était un traître depuis le début et qu'il était en amouuuuuur avec Pink Kiss, l'horrible panda rose.

Les narines de Ninja Kid s'élargissent de frustration.

— À l'heure qu'il est, poursuit le général Tao, ton maître a rendu l'âme et ce traître de Soo Guy a été réduit en un tas de ferraille par mes méchants. Ce déchet doit se trouver là où il mérite d’être, au fond d’un dépotoir tout crotté.

Silence

Un long silence s’installe dans le corridor. Ninja Kid et le général Tao se fixent longuement, puis, dans un élan de rage, les deux ennemis jurés se jettent l’un sur l’autre.

Le katana braqué droit devant lui, Ninja Kid fonce comme un chevalier sur sa monture et tente d'embrocher son rival. Rapide, le général Tao parvient adroitement à esquiver l'attaque du jeune ninja. Les poings serrés, il riposte et frappe à son tour. Vif comme un éclair, Ninja Kid pare le coup lui aussi. Le dos tourné à son ennemi, et misant sur l'effet de surprise, il lance son dernier shuriken. Cependant, agile combattant, le général Tao s'écarte de la trajectoire de l'étoile d'acier qui va se planter dans le plafond.

Avec une grande agilité, le général Tao pivote ensuite sur lui-même et parvient à atteindre son jeune rival avec une savate. Sous ce coup de pied précis, l'épée de Ninja Kid glisse hors de sa portée. Maintenant sans katana et sans shuriken, Ninja Kid sait que la bataille est perdue pour lui. Sur le plancher, il aperçoit alors les restes

d'une tarentueuse.
Dans un geste désespéré,
il se penche et ramasse
l'une des pattes velues.
Armé de ce petit membre
inerte d'arachnide, il
avance vers le général Tao.

Devant cette menace
ridicule, le général se
met à rire aux éclats.

HA! HA! HA!

Saisissant la chance qui s'offre à lui, Ninja Kid effectue un saut en hauteur qui le place à portée de son rival.

Avant que ce dernier puisse s'écarter, le jeune ninja tend le bras et lui égratigne le visage avec la patte de la tarentueuse.

Le poison fait aussitôt son effet. Incapable de bouger un seul muscle, le général Tao sent soudain ses paupières devenir de plus en plus lourdes. Sous les regards médusés des autres ninjas, le général Tao s'écrase ensuite sur le plancher comme un château de cartes. Intoxiqué, il dormira profondément pendant plus de deux siècles...

Voyant que leur maître a été vaincu, Tchen Saw et les autres méchants se mettent à reculer pour finalement s'enfuir à toutes jambes. L'école des Ninjas a été sauvée...

Euphoriques, tous les amis de Ninja Kid se regroupent autour de lui.

CHAPITRE 12

LA FIN D'UNE AVENTURE SE RETROUVE TOUJOURS EN DERNIER LORSQUE C'EST FINI...

Quelques semaines plus tard...

Assis à la place du professeur, Ninja Kid remplace temporairement Sensei Paul, jusqu'à ce que le directeur ait trouvé un candidat capable d'assumer ses fonctions.

Dans la classe, tout ne se passe pas pour le mieux

pour notre ami Kid. NON ! Car ses camarades lui font vraiment la vie dure...

EH OUI...

— Ah non, Ninja Kid ! proteste Pogo. Nous ne voulons pas encore faire de la méditation. C'est poche. On doit rester assis et immobiles sur un ridicule tapis pendant des heures.

— Mais c'est exactement ce qu'il faut faire, mon cher Pogo, tente de le convaincre Ninja Kid. Il faut cesser toute activité mentale afin de mieux se retrouver avec soi-même.

— SE RETROUVER AVEC SOI-MÊME ! répète Pogo. Quand je veux me retrouver avec moi-même, je me regarde dans un miroir, et je me trouve très vite. Ça ne prend pas une heure.

— On ne pourrait pas plutôt s'entraîner à combattre avec nos katanas ? propose Enrico Trudel. Moi aussi, j'ai le goût de bouger un peu et de prendre l'air.

Découragé, Ninja Kid inspire profondément avant de répondre à ses amis, lorsque le directeur fait irruption dans la classe.

SAUVÉ!

— Alors, chers élèves! Comment ça va ce matin? s'informe monsieur Singapour.

— TRÈÈÈS BIEN, M'SIEUR LE DIRECTEUR! répond Ninja Kid. TRÈS BIEN!

MENTEUR ! MENTEUR !

— MENTEUR !

répliquent à l'unisson
Pink Kiss, Enrico Trudel,
Pogo et Kit Kat.

Ninja Kid lance
un regard désespéré
à ses amis.

— HI ! HI ! HI ! HI ! HI !

s'esclaffe le directeur.
Ce matin, j'ai une très
bonne nouvelle pour vous,

annonce-t-il. J'ai trouvé un enseignant pour votre classe. Le meilleur qui soit, vous allez certainement **l'ADOOOORER** !

À l'entrée du local apparaît le bout d'une béquille, suivi de... SENSEI PAUL LUI-MÊME !

Les cinq ninjas se précipitent autour de leur maître.

—**TOUT DOUX! TOUT DOUX!** dit celui-ci. Je ne suis pas encore complètement rétabli, vous savez.

— Vous nous avez tellement manqué, maître! lui confie Pink Kiss. Nous avions si peur que vous ne vous en sortiez pas.

— C'est grâce à Soo Guy que je suis encore en vie, déclare Sensei Paul d'un air grave.

Un profond silence s'installe dans la classe, chacun repensant au prix que le Tchicken a payé pour sa trahison...

— Nous avons dû combattre les vilains sans vous, maître. Ça a été difficile, mais nous sommes parvenus à vaincre le général Tao et son armée, rapporte Enrico Trudel.

— Je sais, lui répond Sensei Paul, et je suis très fier de vous.

—Ensuite, Ninja Kid vous a remplacé. Ça, c'était vraiment une très dure épreuve, se lamente Pogo.

—

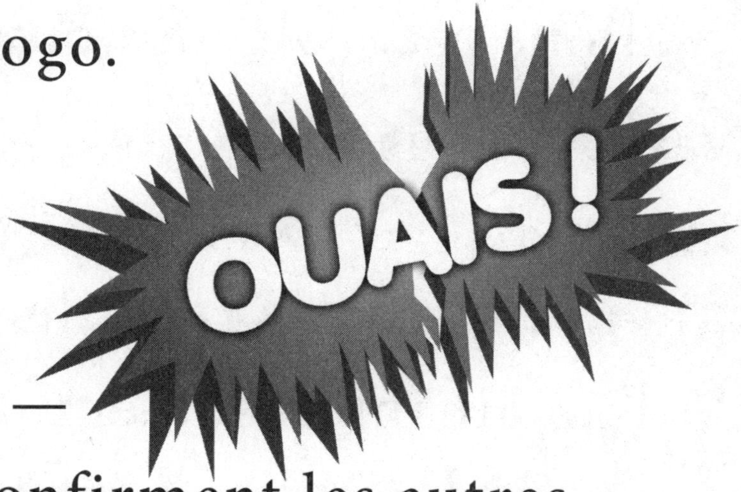

confirment les autres.

—PFFFFF! fait Ninja Kid, insulté.

— J'ai une nouvelle à vous annoncer, reprend le maître. Demain, nous allons recevoir un nouvel élève dans notre classe.

Les ninjas se regardent d'un air interrogateur.

QUI ?

— J'espère que vous allez l'accueillir comme il se doit, car c'est un vrai ninja. Il a survécu à une attaque violente en se battant vaillamment. Il se nomme Soo Guy.

Tous les regards se tournent vers Pink Kiss qui arbore un très large sourire...

FIN

FSC
www.fsc.org
MIXTE
Papier issu de
sources responsables
FSC® C103567